历史精英图谱

历朝人物品藻

汗青◎著

西南财经大学出版社
Southwestern University of Finance & Economics Press

图书在版编目(CIP)数据

历史精英图谱/汗青著.—成都:西南财经大学出版社,2015.5
ISBN 978-7-5504-1853-0

Ⅰ.①历… Ⅱ.①汗… Ⅲ.①历史人物—生平事迹—中国
Ⅳ.①K82

中国版本图书馆CIP数据核字(2015)第064377号

历史精英图谱
LISHI JINGYING TUPU
汗青 著

责任编辑:张明星
助理编辑:文康林
责任校对:李 筱
特约编辑:孙明新
封面设计:李尘工作室
责任印制:封俊川

出版发行	西南财经大学出版社(四川省成都市光华村街55号)
网 址	http://www.bookcj.com
电子邮件	bookcj@foxmail.com
邮政编码	610074
电 话	028-87353785 87352368
印 刷	郫县犀浦印刷厂
成品尺寸	145mm×210mm
印 张	8.875
字 数	195千字
版 次	2015年5月第1版
印 次	2015年5月第1次印刷
书 号	ISBN 978-7-5504-1853-0
定 价	35.00元

真实的历史，总是隐藏在各种各样被拆开裁减过的文字以及出土的残简碎片里，也许我们永远都无法知道真相。但是，我们需要发现和发现的勇气，去揭示历史的真实。

目　录

上篇：魏晋三国夜谭

下篇：历朝人物品藻

上　篇

魏晋三国夜谭

权倾朝野的诸葛亮

——从刘备托孤与《出师表》及北伐、斩马谡等事看诸葛亮其人

公元 223 年，蜀汉昭烈帝刘备连连遭遇了一系列重大挫折，东部咽喉重镇荆州在曹魏和东吴的夹击下被夺取，情同手足的心腹大将关羽、张飞随即接连身亡，他亲自带军出征却在夷陵之战中大败而归，最后在白帝城病故。

刘备病危之时，召丞相诸葛亮、尚书令李严托孤，命二人辅佐其子刘禅。期间刘备与诸葛亮曾经有一段对话，据《三国志·蜀书·诸葛亮传》记载是这样的：

> 章武三年春，先主于永安病笃，召亮于成都，属以后事，谓亮曰："君才十倍曹丕，必能安国，终定大事。若嗣子可辅，辅之；如其不才，君可自取。"亮涕泣曰："臣敢竭股肱之力，效忠贞之节，继之以死！"先主又为诏敕后主曰："汝与丞相从事，事之如父。"

这段话和事情的经过，就是被后人津津乐道，推举为君臣之间肝胆相照的千古佳话的白帝托孤。此段加上后来诸葛亮为北伐而上的《出师表》，一直以来被作为推崇诸葛亮为“千古第一人臣”的典范事例和佐证。

对此，我是有不同看法的。

诸葛亮，作为一个在乱世之中奉行法家申韩之术的人物，其面目绝非像一直以来文人骚客们所描绘的那样谦恭，而是一个懂得时刻要牢牢把持权力和实力，关键时刻对任何人都绝不手软的政治家，包括对其第二个主子刘禅以及朝野上下的大臣、百姓在内，莫不如此。

我们先来看看白帝托孤。

白帝托孤，刘备对诸葛亮说的“君才十倍曹丕，必能安国，终定大事。若嗣子可辅，辅之；如其不才，君可自取”一段话和诸葛亮后来的“鞠躬尽瘁”，既不是刘备首创，也不是仅仅只发生在诸葛亮身上。远的不说，在三国早期，东吴奠基人孙策在临终时就已经上演过这样一出戏文。《三国志·吴书·张昭传》：

> 策谓昭曰：“若仲谋不任事者，君便自取之。正复不克捷，缓步西归，亦无所虑。”（张昭）上表汉室，下移属城，中外将校，各令奉职。权悲感未视事，昭……乃身自扶权上马，陈兵而出，然后众心知有所归。

此时孙权年约十九，而刘禅是十七岁登基，两人的年纪大体相仿。但孙策死的时候，正值各路军阀混战、孙策势力东征西讨乘机扩张之时，其势力并未得到巩固，显然比不得早已扎稳根基的蜀汉政权，所以张昭受孙策临终嘱托后，其“上表汉室，下移属城，中外将校，各令奉职。权悲感未视事，昭……乃身自扶权上马，陈兵而出，然后众心知有所归”等一系列的举动，比之刘备托孤后诸葛亮的作用，要重要得多。而论地位，张昭之于东吴不逊于诸葛之于蜀汉，再论发生年代也是孙、张在前，后世人等独推昭烈、孔明而漏桓王、子布，显然并非是记性不好忘记了此事。这掠人之美的举动，其用意只怕就是要让孔明专美于前。因此认真说起来，此事并无什么值得大肆褒扬的地方，真要说也应该先说孙策和张昭才对。

另外刘备在白帝托孤之时，并非只找了一个诸葛亮，还有一个李严在侧。刘备能把远在成都的诸葛亮召来托孤，说明他有足够的时间来考虑和处理这个问题，因此托孤于诸葛亮、李严二人，并非仅仅是因为李严在身边方便之故，而是应该有其很成熟的考虑的，甚至可以说是煞费苦心。

我们知道，蜀汉政权的根基主要是由三个势力集团组成：占主导地位的刘备嫡系荆楚集团，前益州刺史刘璋时期的东州集团，本地人为主的益州集团。益州集团从刘璋时期开始就没能在政治上占据大的舞台，一直处于一个陪衬的地位，所虑不大，这一点，我们从《三国志》的传记就可以知道。蜀汉就是除去王室成员，列传中本地人士也才十九人，大约只占了三分之一强，而且无一是高层官吏，均为下级官吏和侍郎一类的闲官。因此需要考虑的乃是荆楚、东州集团之间的问题。

此前战略要地荆州的丢失，关、张败亡以及夷陵之战，这一系列的事件使得荆楚集团遭到了重大创伤。而在这个时候刘备又一病不起，当然会想到自己身殁以后，这三者之间的矛盾和蜀汉政权的巩固问题，同时我们也有理由相信他对诸葛亮并不是完全信任和毫无顾虑的。

“君才十倍曹丕，必能安国，终定大事。若嗣子可辅，辅之；如其不才，君可自取。”刘备既然以这样的方式将这话明白地说了出来，那诸葛亮也只有以“涕泣曰：‘臣敢竭股肱之力，效忠贞之节，继之以死！’”这样的态度，来明确地表示他唯有尽忠而死也不会取而代之一途了。不管怎么样，在那个年代里，他是不可能爽快地答应一声“好”的。但是如此一来，倘若日后刘禅昏庸而诸葛亮真的想要取而代之，那他就要先背上个辅佐不力，背主食言的骂名，在政治、舆论以及民心上都将会面对“不臣不忠不义”的罪名，并因此导致师出无名而居于劣势。所以刘备这话与其说是信任与托孤，不如说是一种先发制人的威胁策略，亦或者是无奈之下欲擒故纵的一种权谋。

而另一位重要人物李严，在刘璋时期就是东州集团中的佼佼者。自刘备入主成都以后，他在任上又屡次以少数兵力平定大规模的叛乱，充分表现了他出色的军事和政治能力。相比较而言，诸葛亮此前在政治和外交上展示了他的出众能力，但在军事上并没有什么突出的建树，因此刘备很明智地做出了这样的决定：

> 严与诸葛亮并受遗诏辅少主；以严为中都护，统内外军事①。

实际上，在刘备临终的前一年章武二年（222），就已经把

① 《三国志·蜀书·李严传》。

李严拔为尚书令，在官阶上可与诸葛亮比肩了。由诸葛亮行丞相事，而李严则主掌内外军事，这样的分配正好能让二人互相制衡，以免有一方坐大。而从当时蜀汉政权的权力机构的构成和实力分配来看，也让我们相信，刘备要防备坐大的一方，绝非是当时不处在权力中心和主导集团领袖地位上的李严。在短短的一年多时间内，通过将李严从犍为太守地方长官的位置上提升到尚书令，并借由其政治地位的上升以及原有的基础，人为地将李严制造成为实际上的东州集团代表这一事实，充分说明了刘备对李严更多的是笼络，而不是提防。刘备将这样一个快速提升起来、以前从未进入过权力中心的政治新秀李严，列为两名托孤重臣之一，并且命其“统内外军事”，再联系“君可自取”的言语，显然说明刘备要防备、制衡的目标是诸葛亮无疑。

但在另一方面，作为君主的刘备，又是肯定希望他们二人能够全力合作来加强其政权的。李严除了前面说的那些优势外，另外还有一个有利条件，那就是他是南阳人，与“诸葛公侨客兹郡，有乡党之分”，因此刘备希望他二人可以多点“必能协规”的可能性①，从而通过这两大集团的领袖人物的通力合作来协调两大集团，以应付他身殁以后蜀汉政权可以想见的、必定会面临的各种危险局面，进一步巩固蜀汉政权。

遗憾的是，诸葛亮的性格和一贯的志向，使他并不愿意看到李严与他分享权力，甚至极端地不愿意李严进入政治权力中心机构所在的成都。

两个托孤重臣，无论从哪方面讲，都应该居于首都成都，尤其李严还是“统内外军事”这样一个相当于三军司令的人

① 《三国志集解》。

物。如果说刘备死时蜀汉与东吴处于敌对状态，李严留镇永安是必须的话，那么在蜀汉与东吴在建兴元年（223）“吴王孙权与蜀和亲使聘，是岁通好”①后，还是将李严这么一个“统内外军事”、各方面都与诸葛亮并列的托孤重臣，继续置于和东吴交界的永安，显然是不合适的。但在这样的情况下，李严却于建兴四年（226）春去了面对东吴的二线城市江州，依然没能进入政治权力中心的首都成都。

作为一个混迹官场几十年，又有很强军政能力的人物，李严是不可能不明白远离政治权力中心的负面效应，乃是远离统治阶层的各个官僚集团，其政治影响力越来越小，最后逐渐被人遗忘。而他还不至于也不会敢想去自立为王，因此不太可能自愿求居江州。从他后来曾“更成大城，周回六十里……求以王郡之巴州，丞相诸葛亮不许”②的举动来看，他是非常想进入权力中心的。只是既然不能进成都，那只好退而求其次“以王郡之巴州”，当然相信他也明白这样的可能性更渺茫，因此这也许仅仅是他的一种表达不满和要求的姿态而已。但是不管怎么样，这都可以说明他并不是自愿远离政治和权力中心成都的，而有能力做到这一点的，蜀汉举国上下唯诸葛公一人而已。

他们两个照后世的称谓，乃是“顾命大臣”，因此从官位和政治地位以及权力分配上讲，都应该是基本并列的。但事实上自从诸葛亮扶刘备灵柩回成都之日起，李严就已被撇在了一边：

---

① 《三国志・蜀书・后主传》。

② 《华阳国志》。

> 建兴元年，封亮武乡侯，开府治事。顷之，又领益州牧。政事无巨细，咸决于亮。[①]

> 建兴元年，封（李严）都乡侯，假节，加光禄勋。[②]

同是托孤重臣，诸葛亮此前已假节钺，现在晋封乡侯，并且开府、领益州牧，其中的开府、领益州牧，意味着他可以向朝廷推举府属官吏，并成为益州的最高军政长官，都是把握实权的举动，而李严虽然也晋封乡侯、假节，但却只加了个光禄勋的虚衔，相比之下显然分量就轻得多了。

我们如果不是一味盲目景仰，而是客观地去看待的话，从诸葛亮那篇被后世百般推崇的《出师表》中，也可以深刻地感觉到当时诸葛亮大权独揽、权倾朝野，明显地时常对后主刘禅指手画脚，甚至还表露出一副咄咄逼人的威胁态度来迫使刘禅就范，同时在他心里还有着许多忧虑。另外，我们也可以从中体会到当时蜀汉朝廷权力斗争的激烈状况。

他在《出师表》中，先说了当前是危急存亡之秋，形势严峻，而后话锋一转道：

> 诚宜开张圣（听），以光先帝遗德，恢弘志士之气，不宜妄自菲薄，引喻失义，以塞忠谏之路也。宫中府中俱为一体，陟罚臧否，不宜异同。若有作奸犯科及为忠善者，宜付有司论其刑赏，以昭陛下平明之

---

① 《三国志·蜀书·诸葛亮传》

② 《三国志·蜀书·李严传》。

理，不宜偏私，使内外异法也。

这其中的“宫中府中俱为一体，陟罚臧否，不宜异同”一说，就把刘禅的“宫中”和他开府的“府中”归成了“俱为一体”，将皇帝的宫中等同于他的丞相府。然后说“若有作奸犯科及为忠善者，宜付有司论其刑赏，以昭陛下平明之理，不宜偏私，使内外异法也”，这就进一步地明确要求刘禅把宫中的事体也要交给他“开府”后的幕府来管，不用宫中的管理机构来处理了。如若刘禅不答应的话，那就是“内外异法”了，那么“陛下”你就有不“开张圣听”，不“光先帝遗德，恢弘志士之气”，“妄自菲薄，引喻失义，以塞忠谏之路”，“偏私”并且不“平明”的嫌疑。我相信在看见诸葛丞相罗列了这么多不答应将会产生的罪状之后，刘禅大约是不敢不应的。这些话更像是一个上司在教训属下，哪里是一个臣子对皇帝说的话，然而却是出自诸葛亮这样一个被称为“一身唯谨慎”的“千古第一人臣”之口，难道不奇怪么？

只是诸葛亮觉得这样还不够，要刘禅将宫中事体交给他的幕府处理后，诸葛亮又举荐了将军向宠“为督”，掌管京师的近卫军，说只要“营中之事，悉以咨之，必能使行陈和睦，优劣得所”。此前执掌皇室保卫任务的近卫军头领是刘备的心腹赵云，刘备以赵云“严重，必能整齐，特任掌内事”，在进成都后将其升为翊军将军，翊，卫也，依然是刘备的头号保镖兼近卫军统领。而此刻诸葛亮将其带走出征，换成了自己保荐的向宠，虽然从另一方面来说是人尽其用，但是联系《出师表》的前后语义和当时形势，不能说没有一点其他目的在内。“若有作奸犯科及为忠善者，宜付有司论其刑赏，以昭陛下平明之理，不宜偏私，使内外异法。”此话又显有所指，只是到底是在说谁，我们现在却不得而知了，不过这也是拜诸葛公不设史官所赐。

说到不设史官，问题又来了。我想以诸葛亮的“达于为政”和其思维之周密，以及“杖二十以上亲决”的精细作风，应该是不会不知道不置史官之害的。“国不置史”这个举动所产生的最直接的后果，便是在蜀亡以后，即使是作为蜀汉著名史学家谯周弟子的陈寿，在当代人修当代史的情况下，奉命修编的《三国志》里也唯有《蜀书》因为“行事多遗，灾异靡书”，各类资料的严重匮乏，导致许多著名和重要的人物无法单独作传，最后仅仅只修了一卷便作罢了①。倘若说在刘备时期是因蜀汉初建无暇顾及的话，那么在刘禅当政后这么长的时间内，政权稳固度应该已经大大地得到了提高，并且在拥有刘巴、秦宓、谯周、许靖等多名出色的文、史学人才情况下，作为自承汉朝正统的蜀汉朝廷依然“国不置史”，那就不太能以诸葛亮“犹有未周”这样简单的失误所能解释得通了，而是要从“行事多遗”这个角度去看，多少会令人疑惑其“国不置史”的目的何在。

诸葛亮除了对刘禅提出了这样一些不能不从的“建议”外，当然也不会忘记安排他北伐离开成都后朝中的人事问题。

> 侍中、侍郎郭攸之、费祎、董允等，此皆良实，志虑忠纯，是以先帝简拔以遗陛下。愚以为宫中之事，事无大小，悉以咨之，然后施行，必能裨补阙

① 《三国志·蜀书·后主传》：“……又国不置史，注记无官，是以行事多遗，灾异靡书。诸葛亮虽达于为政，凡此之类，犹有未周焉。”

> 漏，有所广益。……亲贤臣，远小人，此先汉所以兴隆也；亲小人，远贤臣，此后汉所以倾颓也。先帝在时，每与臣论此事，未尝不叹息痛恨于桓、灵也。侍中、尚书、长史、参军，此悉贞良死节之臣，愿陛下亲之信之，则汉室之隆，可计日而待也。①

我们可以发现，诸葛亮提出在他离开成都后，要后主“事无大小，悉以咨之，然后施行”的人选，无一例外的全部是荆楚集团的骨干，东州和益州人士一个也没出现。尤其是李严，作为和诸葛亮并列、“统内外军事”、官拜尚书令的托孤重臣，在北伐这件关乎国计民生的军国大事上未能有一点说话的机会，在诸葛亮不在的情况下，理应是由他来主持朝政的，然而在诸葛亮这份要求北伐、安排北伐之后朝中主持工作人选的表章中，连提都没提他，不管从哪个角度而言，这都是不正常的。而诸葛亮所谓的“亲贤臣”，要刘禅亲信的郭攸之、费祎、董允、向宠等荆楚集团人士虽然的确都是贤臣，然换而言之，李严、费观、何宗、王谋②等人难道就不是贤臣了吗？而且他们或是托孤大臣或是位列九卿的官员，单就官阶论也要远高于这几位侍中、侍郎，不提他们于情于理都是说不过去的，因此

---

① 《三国志·蜀书·诸葛亮传》。

② 《三国志·蜀书·杨戏传》：“王元泰名谋，汉嘉人也。有容止操行。刘璋时，为巴郡太守，还为州治中从事。先主定益州，领牧，以为别驾。先主为汉中王，用荆楚宿士零陵赖恭为太常，南阳黄柱为光禄勋，谋为少府；建兴初，赐爵关内侯，后代赖恭为太常。……后大将军蒋琬问张休曰：‘汉嘉前辈有王元泰，今谁继者？’休对曰：‘至于元泰，州里无继，况鄙郡乎！’其见重如此。”

何彦英名宗，蜀郡郫人也。事广汉任安学，精究安术，与杜琼同师而名问过之。刘璋时，为犍为太守。先主定益州，领牧，辟为从事祭酒。后援引图、谶，劝先主即尊号。践阼之后，迁为大鸿胪。建兴中卒。

诸葛亮这样做绝非是偶然的。

在诸葛亮的内心，他是始终将自己摆在一个凌驾于众人之上的位置的，一直以为蜀汉在他“无身之日，则未有能蹈涉中原、抗衡上国者”[①]。同时相信他也很清楚刘备安排李严和他共同辅佐刘禅的目的，是利用李严来制衡他。因此为了保证他对蜀汉政权的操控性，他是绝不会允许李严这样一个能在政治上对自己形成威胁的人，来进入权力中心和掌握军事实权的。所以他除了一直制止李严进入成都这个政治权力中心外，在开始北伐前又进一步地发动了削弱李严权力的实质性行动。

在前面我说过，诸葛亮在北伐前并没有在军事上大展身手的机会，始终是在政治和外交上表现他的才华，刚刚结束的南征，由于对手是被视为蛮夷的少数民族，也并不能给他带来太多军事上的声誉。而在他发动北伐后，魏国“以蜀中唯有刘备。备既死，数岁寂然无声，是以略无备预”的反应，也说明了曹魏根本没有将他作为一个军事上的对手来考虑。因此诸葛亮发动北伐，固然有蜀汉政权在战略上的需要，但在面对李严这样一个在军事上有很强能力、两名托孤重臣之一的政治对手，以及朝中另一批对他并不心悦诚服的政治势力时，还有着其个人在政治上的强烈需要。

诸葛亮在发动北伐前，曾以北伐之后汉中会出现军事力量空虚的理由为名，向李严提出了要李严带驻扎在江州的部队前往汉中的要求。假设李严真的去了汉中，很明显他的军队就会被收编，成为由诸葛亮统帅的北伐军中的一支，而他也将成为诸葛亮帐下的一名将领，那么他这个被刘备定为“统内外军

---

① 《三国志·蜀书·诸葛亮传》。

事”、与诸葛亮并列的托孤大臣，将就此彻彻底底地葬送与诸葛亮相提并论的地位和实力，李严很清楚此事的后果，于是以各种理由拒绝了诸葛亮的要求。而诸葛亮在对此事的处理上，就相对显得比较无力。因为江州是蜀汉东部与东吴、曹魏交界处的二线重镇，和面对北方曹魏势力的汉中地位相当，在这件事情上，诸葛亮无法提出令人信服的、一定要将李严与江州部队调到汉中的理由。

而富有政治经验的李严这个时候不但拒绝了诸葛亮这一要求，还借机发起了反击。他乘势提出将蜀汉东线的巴郡、巴东、巴西、江阳、涪陵等五郡组成巴州，并由他担任刺史。

早在建兴元年（223），诸葛亮就已经“开府治事。顷之，又领益州牧”，此后“政事无巨细，咸决于亮”。而作为仅次于诸葛亮的尚书令，又是两名托孤重臣之一的李严，却只被授了一个光禄勋的虚衔，并被弃于远离权力中心成都的江州，这样实际产生的后果，就是导致像北伐这样大的军事行动，完全没有他这个被刘备遗命“统内外军事”的托孤大臣说话和发表意见的份儿。因此他以这样的举动明确表示了不满，并提出在政治上享受与诸葛亮“领益州牧”同等待遇的要求，要成为巴州刺史。刺史即州牧，一旦真的设置巴州并由李严任刺史，那等于将整个蜀汉东部都划进了李严的势力范围，而作为尚书令的李严，就可以与诸葛亮这个丞相兼益州牧在各个方面都平起平坐了。他的这一要求，按照他当时的身份和在蜀汉政权中的地位，应该说是正当的、并不过分的。只不过对诸葛亮而言，是不会允许这样的情况发生的，但此时他却又拿李严毫无办法，因此不得不将此事不了了之，只好暂不再提起将李严与江州部队调往汉中的事情[①]。

李严第一次发出的对他被压制的抗议，使得蜀汉政权两个托孤大臣之间首次冒出了公开的、不和谐的声音，这也使诸葛亮进一步意识到他在蜀汉政权里的地位是受到威胁的，东州、益州集团的势力不可小觑。因此诸葛亮在《出师表》中表现出了那些耐人寻味的举动，以及对刘禅所说的如"郭攸之、费祎、董允等，此皆良实，志虑忠纯……愚以为宫中之事，事无大小，悉以咨之，然后施行，必能裨补阙漏，有所广益。……亲贤臣，远小人，此先汉所以兴隆也；亲小人，远贤臣，此后汉所以倾颓也"这些话的目的和指向，也就都有了合理的解释，同时也表现出当时蜀汉政权内部的权力斗争开始激烈起来。

建兴六年（228）春，这场由诸葛亮筹划已久的北伐终于开始，然而由于诸葛亮亲点的先锋马谡严重缺乏实战经验，所统帅的数路大军被"识变数，善处营陈，料战势地形，无不如计，自诸葛亮皆惮之"[②]的曹魏五大名将之一的张郃，轻易于街亭一带先后击败，导致蜀汉政权的首次北伐不但整个无功而返，而且还遭受了一定的损失。

作为被诸葛亮亲自提拔为先锋大将的马谡，当时并没有像广为流传的那样去诸葛亮那里请罪，而是在军败之后选择了畏罪潜逃一途，后被缉捕归案，在诸葛亮判其死刑后，还没来得及执行，就于狱中病故。马谡潜逃案还牵连了与马谡关系很好的荆楚集团的另一骨干向朗（向宠的叔父），他因知情不报而被革职，此后优游无事达二十年之久（关于此事见拙作《诸葛

① 《三国志·蜀书·李严传》："臣（诸葛亮）当北出，欲得平（李严）兵以镇汉中，平穷难纵横，无有来意，而求以五郡为巴州刺史。"

② 《三国志·魏书·张郃传》。

刘备病榻梦兄弟

亮没有杀马谡》一文)。可以这样说，首次北伐失利使荆楚集团和诸葛亮都开始面临刘备死后的最严重的打击和考验，而这次危机的源头，完全是源自于诸葛亮的刚愎自用。

在此次选拔北伐先锋人选的问题上，诸葛亮充分表现出了他性格当中刚愎自用的一面。刘备临终前，或许是由于知道马氏兄弟与诸葛亮的亲密关系，因此曾特别提醒过诸葛亮：

> 马谡言过其实，不可大用，君其察之！①

然而在刘备去世以后，“亮犹谓不然，以谡为参军，每引

---

①《三国志·蜀书·马谡传》。

见谈论，自昼达夜”。可见诸葛亮并没有把刘备的告诫当回事，说严重点，此举甚至可以说是“背主”行为。而诸葛亮的一意孤行，将魏延、吴壹等宿将弃之不用“违众拔谡”的举动，可以想见，也是会让这些人很不高兴的[①]。

如果北伐取得一定战果，这些问题自然是烟消云散不成其为问题的，然而此次北伐不但无功而返，还遭受了较大的损失，在这样的情况下，这些问题便显得格外严重起来。

首先，诸葛亮要遭受来自魏延、吴壹等这一干军队中实权派们的质问，为什么先帝明确说“马谡言过其实，不可大用，君其察之”，你还要违背先帝意旨，不用我们而“违众拔谡”？

其次，当然是来自朝中的政治对手李严等人的诘难。以李严等人为首的东州、益州集团，一直遭受以诸葛亮为首的荆楚集团的排挤打压，在这次北伐的整个过程中，身为“统内外军事”的托孤大臣李严甚至未能有一点点发表意见和起作用的机会，虽然他不至于会对这次完全由诸葛亮策划和指挥的北伐进行掣肘和为难，但对于这样一个难得的、有可能彻底打垮诸葛亮和荆楚集团的机会，李严等人显然不会轻易放过，必定会乘机大做文章。

面对如此严重的政治危机，诸葛亮一方面上表自贬：“臣以弱才，叨窃非据，亲秉旄钺以厉三军，不能训章明法，临事

---

① 《三国志·蜀书·马良传》：“臣松之以为良盖与亮结为兄弟，或相与有亲；亮年长，良故呼亮为尊兄耳。……良弟谡，字幼常，以荆州从事随先主入蜀，除绵竹成都令、越巂太守。才器过人，好论军计，丞相诸葛亮深加器异。先主临薨谓亮曰：‘马谡言过其实，不可大用，君其察之！’亮犹谓不然，以谡为参军，每引见谈论，自昼达夜。……建兴六年，亮出军向祁山，时有宿将魏延、吴壹等，论者皆言以为宜令为先锋，而亮违众拔谡，统大众在前，与魏将张郃战于街亭，为郃所破，士卒离散。亮进无所据，退军还汉中。”

而惧，至有街亭违命之阙，箕谷不戒之失，咎皆在臣授任无方。臣明不知人，恤事多闇，春秋责帅，臣职是当。请自贬三等，以督厥咎。”①

然而他也知道仅仅是“授任无方”、“明不知人”这样的说法，是不可能摆脱李严甚至魏延、吴壹等人的责难的，因此另一方面诸葛亮还需要有一个人来承担这次由他全权指挥的北伐战役失败的责任，以便给自己一个脱身的机会，而这个机会显然就只能来自于马谡。于是其后果终于、也只能是“戮谡以谢众”，诸葛亮则自贬为右将军，但是依然“行丞相事，所总统如前”②。马谡则做了他的替罪羊，成为这场政治和权力斗争中的牺牲品。

在此次事件中马谡被杀这个结果，我以为正是诸葛亮本人造成的。理由有四：

> 第一，诸葛亮背刘备遗命而“违众拔谡”，其罪在先。
>
> 第二，这次北伐是由他全权指挥的，虽然马谡在街亭有“违命之阙”，但而后的行动中却还有“箕谷不戒之失”，这个总不能也怪罪于马谡吧？因此追究起来还是他“授任无方”“不能训章明法”，完全委过于马谡有失公允。
>
> 第三，马谡虽然“违亮节度，举动失宜，大为郃所破”，然而所谓“将在外，君命有所不受”，作为一个前线指挥官是有一定的自主能力的，即使战败也罪

① 《三国志・蜀书・诸葛亮传》。
② 《三国志・蜀书・诸葛亮传》。

不至死。

第四，最后一点，实际上也是相当重要的一点，那就是诸葛亮从来都不像人们所称赞的那样执法公允而严明，他的执法严明是要看对象是谁和是否有政治需要，也绝对没有任何所谓的公允可言。

《三国志·蜀书·法正传》曰：

> 正为蜀郡太守、扬武将军，外统都畿，内为谋主。一餐之德，睚眦之怨，无不报复，擅杀毁伤己者数人。或谓诸葛亮曰："法正于蜀郡太纵横，将军宜启主公，抑其威福。"亮答曰："主公……当斯之时，进退狼跋，法孝直为之辅翼，令翻然翱翔，不可复制，如何禁止法正使不得行其意邪！"

法正在蜀郡作威作福，仅仅因为以前的睚眦之怨，就报复"擅杀毁伤己者数人"，而诸葛亮面对他人的举报和要求他去请求刘备劝阻法正滥杀无辜的建议时，却一口回绝，非但如此，他甚至进而还说既然法正能让刘备"翻然翱翔，不可复制"，那现在为什么要去阻止他快意恩仇呢？言下之意就是法正有那么大的功劳，正是大王面前的红人，他杀几个人算什么，连在他已经杀了数人后，去阻止他都是完全没必要的，因为那会让他不痛快。

这哪里是一个执法严明之人说出来的话，分明是一个惯于予取予夺之人的口吻。在这件事情上，诸葛亮的反应和处理方式，与他一贯被人推崇的所谓的"赏罚之信，足感神明"的风格和品质，存在极大的偏差。但我以为这才是他真实的一面，因为在他而言，所谓的国法、军法要不要执行，纯粹是取决于被执行对象的重要性，以及是否有执法的政治需要，而不是在于对象事实上是不是有过失和犯罪行为。因此我才说在马谡生死的这个问题上，诸葛亮要是有实现的可能，是完全有能力和权力让他不死的，并且他也绝不会去顾虑什么执法严明的形象问题，只要看看他对待法正“擅杀毁伤己者数人”这个事件的态度和处理方式，就可以知道得很清楚了。

作为一名与诸葛亮过往甚密，又长期处于权力中心、熟知蜀汉军政事宜和局势的谋士，马谡当然是知道他这一败在政治、军事上的后果的，也很清楚这样的结果将会给诸葛亮乃至整个荆楚集团带来的危害，同时他也深知诸葛亮的为人，相信这才是他畏罪潜逃的真正原因所在。因此在狱中他才会在给诸葛亮的信中这样写道：“原深唯殛鲧兴禹之义，使平生之交不亏于此，谡虽死无恨于黄壤也。”[①] 他援引“殛鲧兴禹”这个典故和使用“使平生之交不亏于此”这样的语句，一面表明了他自承有罪，另一面无疑也表明了他希望在目前自度不得幸免的形势下，能以他来承担罪责的这一举动，换取让诸葛亮躲过对手攻击，再继续主导蜀汉政权的局面。

这样一来，我们就可以更进一步地理解诸葛亮为什么不顾蒋琬等人的一再劝阻，甚至对劝阻他杀马谡的丞相参军李邈进行处罚，并坚持要杀马谡还唯恐杀不成的态度。其实，以诸葛亮和马良、马谡兄弟同为荆楚集团骨干的关系，平素又称兄道弟的亲密程度，倘若他真的是出于执法需要而无奈斩杀马谡，那应该对劝阻他杀马谡的人心怀感激才对，但事实上他对劝阻

---

① 《三国志·蜀书·马良传》。

他杀马谡的人不但不感激，甚至可以说很厌恶，并不惜进行行政处罚：

马谡在前败绩，亮将杀之，邈谏以“秦赦孟明，用伯西戎，楚诛子玉，二世不竞”，失亮意，还蜀。①

这充分说明了他此刻非常需要马谡去死，不然就不会对劝阻杀马谡的人厌恶到如此地步。由此可见他一再坚持要将马谡处死，而在判决马谡死刑时却又“为之流涕”，马谡死后又“自临祭，待其遗孤若平生”的态度，绝不仅仅出自与马氏兄弟的深厚感情，还有着更深层次的政治原因在内，也正是这些原因导致他非杀马谡不可，而且还唯恐杀不成。

实际上，真正可以导致马谡被处死的罪状，乃是马谡畏罪潜逃一事。但奇怪的是，在诸葛亮请罪自贬的表章中，对此事却连一个字也没提起，而这，也正是诸葛亮的厉害之处。

此刻的诸葛亮，需要让马谡来承担北伐失败的主要责任。如果马谡是因为畏罪潜逃而被处死，那么在北伐失败的问题上，诸葛亮所要承担的责任就要更大一些。这样一来他对自己所做的处罚就会显得轻了很多，不足以化解由此带来的这场政治危机，因此他才对此一字不提。而这样做的结果乃是他成功地依靠马谡之死，暂时摆脱了这次可以危及他本人乃至整个荆楚集团在蜀汉政权中主导地位的危机。

诸葛亮的挥泪斩马谡，在我看来完全不像一直以来人们称赞不已的那样，是表明诸葛亮比孙武执法严明以及他具有高尚道德品质的例证。相反，如果联系他纵容、变相支持法正滥杀

① 《三国志·蜀书·李邵传》。

无辜的事例来看，正好表现了他刚愎自用而又老于政治手腕，作为一名权臣在政坛上善于翻手为云覆手为雨的一面。

诸葛亮虽然借马谡的人头，暂时成功地摆脱了这场军事和政治上的危机，但是他既没有取得军事上的成果，也没能在政治上进一步稳固自己的地位。更严重的是他非但没有证明自己在军事上的能力，还给李严以及像魏延、吴壹这样军中的宿将和在军事上有着多次成功记录的对手们，留下了对他军事能力进行质疑的把柄。因此他这次北伐的目的全然没有达到，甚至在政治上还可以说是完全失败和大大地退了一步。

鉴于此，无论诸葛亮是出于蜀汉政权战略判断上得出的需要，还是出于他本人的政治需要，他都必须再次开始北伐来摆脱这样的局面。北伐虽然是诸葛亮主动发起的，但街亭之败却犹如启动了一辆连他自己也无法使其停止的战车，使得他不论是否愿意，都必须跟着而不是驾御着北伐这辆战车向前冲下去，将他此后的政治生涯和北伐紧紧地捆在了一起。不过诸葛亮确实是个出色的御手，虽然北伐战车已经停不下来，但是他依然可以操控其方向，因此在最后，他还是成功地达到了他人生里程中最辉煌的顶点。

同年冬天，二次北伐开始，蜀军围陈仓，但是由于军粮耗尽再次无功而返。

次年的建兴七年（229），三次北伐开始，诸葛亮遣大将陈式攻魏之武都、阴平。魏雍州刺史郭淮率军迎战，诸葛亮出建威，郭淮退军，亮取二郡。至此，后主诏诸葛亮复丞相职。然而这数次北伐中，依旧不见李严等一干东州和益州集团骨干人士的踪影，相信李严他们对此肯定是会有意见的。

李严在诸葛亮北伐期间，也没有闲着，他积极地策反原蜀汉降将、曹魏的上庸守将孟达，在其中的一封信中曾以这样的语句来招降孟达："吾与孔明俱受寄托，忧深责重，思得良伴。"从这里可以知道，他一直以来对自己与诸葛亮并列为托孤大臣这一重要的政治地位，是时刻不忘的，也是时刻以此为己任的。但蜀汉前后三次北伐这样重大的行动，诸葛亮都没有一丝让他参与的做法，也是肯定让他十分不满的，因此他除了发出前面所说的"求以五郡置巴州"等表示不满的信号外，还以另一种方式展开了对诸葛亮一直以来排挤他这一举动的反击。

他在一次给诸葛亮的信中"劝亮宜受九锡，进爵称王"，这和孙权劝曹操称帝相仿佛，但又很难说清楚他是想把诸葛亮摆上众矢之的位置，还是在嘲讽诸葛亮。总之不管怎么样，诸葛亮很清楚李严这一举动绝没安什么好心，因此明确表示自己不会上这个当：

> 吾本东方下士，误用于先帝，位极人臣，禄赐百亿，今讨贼未效，知己未答，而方宠齐、晋，坐自贵大，非其义也。若灭魏斩叡，帝还故居，与诸子并升，虽十命可受，况于九邪！①

不过诸葛亮这话却有点前后矛盾，前面他说"吾本东方下士，误用于先帝，位极人臣，禄赐百亿"，似乎对目前位极人臣的状况已经心满意足，但后来话锋却急转直下，称王受九锡，就成了有着自己封"国"的诸侯，乃是那个时代人

① 《三国志·蜀书·李严传》。

臣所能达到的巅峰，诸葛亮在回绝了这一不知道是有着什么居心的建议后，在结尾时又偏偏来上了一句“虽十命可受，况于九邪”，这话就与他前面表现的心满意足的态度产生了矛盾。

这样的话出自诸葛丞相之口，与他历来被说成“谨慎谦恭”的风格是极不相称的，但我却以为这才是他个性和思想的真实写照，他虽然拒绝了李严的建议，但却不自觉地流露出了他自傲的乃至于漠视刘禅的态度。陈寿对他的评语，有几句是相当中肯的：

> 亮之素志，进欲龙骧虎视，苞括四海，退欲跨陵边疆，震荡宇内。又自以为无身之日，则未有能蹈涉中原、抗衡上国者。①

这几句，一说出了诸葛亮的生平抱负是“进欲龙骧虎视，苞括四海，退欲跨陵边疆，震荡宇内”，二说出了诸葛亮对自己的评价，表现出他自视极高、当世不做第二人想的态度，实际上诸葛亮的一生，都是围绕着这几句话而展开的。

建兴八年（230），魏大将军曹真三路攻蜀，诸葛亮拒之，随即准备第二年出军进行第四次北伐。这回他再次要求李严率军北上汉中受他节度，诸葛亮在后来列举李严罪状的表章中，对李严当时的反应是这样写的：

> 去年臣欲西征，欲令平主督汉中，平说司马懿等开府辟召。臣知平鄙情，欲因行之际逼臣取利也，是

---

① 《三国志・蜀书・诸葛亮传》。

以表平子丰督主江州，隆崇其遇，以取一时之务。[①]

李严这个时候说“司马懿等开府辟召”，显然正如诸葛亮所言的那样是“欲因行之际逼臣取利也”，而李严以司马懿等开府辟召为借口向诸葛亮逼利，也并不是随便拿来就用的借口，他对诸葛亮开府而他没能享受同等待遇一直是耿耿于怀的，此刻他看似随便地举了这么一件事情做例子来逼诸葛亮，事实上正是表达了他北上汉中的条件，是要得到他这个和诸葛亮并列的托孤重臣所应该享受的待遇，也就是要和诸葛亮一样，可以开府选拔官吏。

诸葛亮当然是不可能答应也不会允许发生这样的事情的，但他也明白，在面对曹魏势力强大的压力下，与李严这样长期僵持下去并不是什么好事。而李严和他二人，虽然在权力斗争中互不相让，但在对维持蜀汉政权生存的这一根本点上，却是绝对没有分歧的。因此他做出了妥协，“表严子丰为江州都督督军，典严后事”，继续把江州一带保留给李严；而相对他的妥协，李严也作出了对应的姿态——“将二万人赴汉中”，同时接受诸葛亮的任命，担任中都护署府事[②]，并将自己的名字由严改为平。按那时的解释，平字含义大致为行事有序、平定乱事，这相当符合当时的形势。

李严终于去了汉中，在刘备死后首次与诸葛亮共事，看上去似乎诸葛亮和李严二人就此握手言和了。

建兴九年（231）春，蜀军在诸葛亮的统帅下第四次北伐，兵出祁山与魏军对峙。然而诸葛亮这次依然运气不太好，在后

---

① 《三国志·蜀书·李严传》。

② 《三国志·蜀书·李严传》。

来的一段时间内碰上了连续的暴雨天气，导致汉中的粮运不继。而后的整个事件就显得比较富有戏剧性了：

> 平遣参军狐忠、督军成藩喻指，呼亮来还；亮承以退军。平闻军退，乃更阳惊，说“军粮饶足，何以便归”！欲以解己不办之责，显亮不进之愆也。又表后主，说“军伪退，欲以诱贼与战”。亮具出其前后手笔书疏本末，平违错章灼。平辞穷情竭，首谢罪负。①

之所以说这次的事件有戏剧性，是因为以李严这样一个极富政治经验和军事能力的人物，居然犯了如此低级的错误，仅仅由于暴雨而导致粮运不继，他就先让参军狐忠、督军成藩等一群人去前线以朝廷名义召诸葛亮撤军，然后上表后主说诸葛亮撤军是诱敌之计，而当他在汉中听说诸葛亮开始撤军时，却又假装吃惊地说“军粮饶足，何以便归”，种种互相矛盾的漏洞前后非一，导致最后“辞穷情竭，首谢罪负”。

不过这件事情，虽然因为蜀国“国不置史”和各种原因造成资料不足，因此不足以让我们有理由做出其他的解释，但从逻辑上来讲，以李严这样的人物，犯下这样的低级错误未免显得过于愚蠢了些。如果说他设计这个圈套的目的是在于“解己不办之责，显亮不进之愆”的话，那么他又焉能想不到他这一大堆公文全都捏在诸葛亮和后主的手中，“前后手笔书疏”都“违错章灼”历历在目，他这个目的显然是不可能得逞的。断粮退军在蜀汉北伐中并非首次出现，况且由于天降暴雨导致道路不畅的粮运不继，也并不会对他政治生涯造成极其严重的后

① 《三国志·蜀书·李严传》。

果，在如此小的问题上去冒如此大的风险，而且还明显是把自己的把柄拱手送到对手和皇帝面前去让他们来处理自己，这样的错误和圈套也实在过于弱智了些。要是李严连这些都意识不到的话，那他这个跟头栽得一点都不冤，因为这完全不像是他这样一个拥有几十年军事、政治斗争经验的人所应该犯的错误。

不过，不管事情的真相到底是什么样子，李严最终被贬为平民，在与诸葛亮的权力斗争中败了下来，这标志着蜀汉政权中再没有可以威胁荆楚集团地位的势力存在，而诸葛亮也再找不到一个有足够分量和他分庭抗礼的对手，彻底地巩固了他的地位。在蜀汉政权中，甚至将皇帝包括在内，他也都是唯一掌握着蜀汉最强实权的第一人。诸葛亮当时在蜀汉政权内的威势，可以从诸葛亮的属官丞相参军、犍为太守李邈的奏章中稍见一斑。诸葛亮死后刘禅下令全国素服发哀三日，李邈不以为然地上疏道：

> 吕禄、霍、禹未必怀反叛之心，孝宣不好为杀臣之君，直以臣惧其逼，主畏其威，故奸萌生。亮身杖强兵，狼顾虎视，五大不在边，臣常危之。今亮殒殁，盖宗族得全，西戎静息，大小为庆。[1]

他这话说得非常有趣，诸葛亮在世期间，“臣常危之”，诸葛亮一死，他顿时觉得“宗族得全”，于是一家人“大小为庆”，因此上书劝谏刘禅不必太隆重地要全国都素服发哀三日，结果被刘禅砍了头。不过砍头归砍头，他的话却透露了不少有

---

① 《三国志·蜀书·李邵传》。

用的、值得重视的信息。

李邈以霍光等人做比喻，说诸葛亮虽然未必有反叛之心，但是权势太强，“身杖强兵，狼顾虎视”，以至于“主畏其威，故奸萌生”。这个恐怕正是他掉脑袋的原因，居然说刘禅因为诸葛亮手握重兵而怕了他，导致国内奸邪萌生，这叫后主刘禅的脸往哪儿搁。至于说几句诸葛亮的不是，那还不至于要到摘他脑袋的地步，因为刘禅和诸葛亮之间的关系并不是那么和谐的。据载：

> 亮初亡，所在各求为立庙，朝议以礼秩不听，百姓遂因时节私祭之于道陌上。言事者或以为可听立庙于成都者，后主不从。步兵校尉习隆、中书郎向充等共上表……于是始从之。①

看看，连大臣们联名上表，要为诸葛亮这个刘禅的“相父”立庙，这刘禅都是再三阻挠，心不甘情不愿的，二人的关系从中当可略见一斑。

李邈说诸葛亮一死，他李邈才终于可以“宗族得全”，并且“西戎静息”，于是“大小为庆”，这说明他对北伐不以为然，是反对的。

从历史记载来看，像他这样态度的人，在蜀汉政权大小官吏中，是为数不少的。例如诸葛亮亲自点定的继任者蒋琬和费祎两人，对北伐就压根不感兴趣，并且还都一致地长期压制要求北伐的姜维，尤其是他的第一任继任者蒋琬，十数年内一次也没真正发动过北伐。所以我们有理由相信李邈的态度，代表

---

① 《三国志·蜀书·诸葛亮传》。

后主立庙沔阳祭丞相

了蜀汉政权内部相当一定数量的官吏的想法。这一点，从以下两则资料中也可以得到佐证，同时我们还可以从这些资料中发现其他一些问题，以及可以知道当时身处社会下层的许多百姓，对诸葛亮的北伐政策也是相当反感的，绝不像一些人所描绘的那样，是欢呼雀跃衷心拥护的。

> 丞相诸葛亮连年出军，调发诸郡，多不相救，乂募取兵五千人诣亮，……蜀郡一都之会，户口众多，又亮卒之后，士伍亡命，更相重冒，奸巧非一。乂到官，为之防禁，开喻劝导，数年之中，漏脱自出者万馀口。[①]

① 《三国志·蜀书·吕乂传》。

孙休时，珝为五官中郎将，遣至蜀求马。及还，休问蜀政得失，对曰："主暗而不知其过，臣下容身以求免罪，入其朝不闻正言，经其野民皆菜色。臣闻燕雀处堂，子母相乐，自以为安也，突决栋焚，而燕雀怡然不知祸之将及，其是之谓乎！"①

这两则资料表明，由于诸葛亮连年出兵北伐，兵员不足，遂调各郡兵补充北伐部队，然而各郡大约是以各种借口而拒不发兵，形成了"多不相救"的局面。而在诸葛亮死后，军队中大量士兵和职业兵户更是纷纷逃亡，作为地方长官的吕乂，数年中仅在一个蜀郡就查出了万余名逃避兵役者。延续至蜀汉后期姜维北伐期间，蜀汉已经出现了"经其野民皆菜色"的景象。可见连年北伐对蜀汉经济造成的伤害之大，因此百姓们对北伐不支持是比较正常、毫不奇怪的，在任何一个时代，从根本上百姓们总是厌战和期望和平的。

另外一个问题，乃是诸葛亮作为一个法家思想的秉承者，对申韩之术习之精而用之果，史称其对官吏"用法峻严"，而且大权独揽，"政事无巨细，咸决于亮"，"杖二十以上亲决"。其负面效果就是直接导致蜀汉朝廷在一旦缺乏了像诸葛亮这样强势而又出色的政治人才以后，整个统治机构出现了"主暗而不知其过，臣下容身以求免罪，入其朝不闻正言"一片暗然的局面，经济上则是"经其野民皆菜色"，对这样的后果，诸葛亮这个蜀汉政权实际统治者、所有既定方针的制定者，应该承担不可推卸的责任。

我们必须承认，诸葛亮是一位出色的政治家，他对蜀汉皇朝的忠诚令人感叹，然而作为一个周旋于政治、军事舞台上的政客

① 《三国志·吴书·薛综传》。

和权臣，他同时也不可避免地要受到这个特定的舞台上游戏规则的制约，因此他绝不是一个没有缺陷和没有污点的人。一个历史的人是不可能完美的。诸葛亮的人格和道德魅力以及政治、军事能力，在人们长期以来的盲目推崇中被放大乃至发展到最后的完美，大量一直存在的、可以说明问题的史料被视而不见，或者被斥为不可信的史料，这是不客观的。对我而言，历史的真实总是隐藏在拆开裁减过的文字里。也许我们永远无法知道真相，但我们需要发现和发现的勇气。

关羽是否好色及其叛曹归刘的原因

关羽其人，在民间传说和《三国演义》中，一直是一个忠义和勇猛、不近女色的化身，也是中国历史上唯一一个被讲义气的江湖人士奉为神的人。

关羽是不是一定就是一个像《三国演义》上说的那样，是一个很讲义气和道德高尚、不好女色的标准好汉呢？我看不一定，不但难说得很，还很可能是个大大背离我们一贯印象的角色。我们来看看史书上是怎么说的。

首先关羽是个杀人犯，这一点相信大家都没有疑问。他在老家杀了人，呆不下去了，所以才逃出来流窜各地，最后投靠了刘备。先不论他是为什么杀人，总之是目无王法杀了人①。

① 《三国志·蜀书·关羽传》："亡命奔涿郡。先主于乡里合徒众，而羽与张飞为之御侮。"

关羽取华雄首级回本阵

关羽在跟随了当时还不是官，只是个有了一笔意外之财、纠合人马的社会团伙势力头目的刘备以后①，便被刘备引为保镖，整天跟在他的身边，直到刘备背叛了在紧要关头帮了他并收容了他的曹操，并偷取了徐州后，才做了个下邳太守的官②。

曹操在官渡决战之前，决意要先灭掉卧榻之侧的刘备势力，便亲自东征，一举击溃了刘备，刘备当下弃家小而投靠了袁绍。在这一战中，关羽及刘备的家小为曹操所擒，关羽向曹操投降，曹操待关羽极好，封他为偏将军。这期间并无任何资

---

① 《三国志 · 蜀书 · 先主传》：好交结豪侠，年少争附之。中山大商张世平、苏双等赀累千金，贩马周旋于涿郡，见而异之，乃多与之金财。先主是由得用合徒众。

② 《三国志 · 蜀书 · 关羽传》：先主之袭杀徐州刺史车胄，使羽守下邳城，行太守事。

料记载，哪怕是一点点可以证明关羽是像《三国演义》里写的那样，为了保护刘备的家小和曹操约法三章之后才投降的。可以证明的倒是刘备的妻子早被曹操俘虏，而关羽却是在曹操大军压境下投降的：

> 备走奔绍，获其妻子。备将关羽屯下邳，复进攻之，羽降。①

关羽中埋伏被擒

---

① 《三国志・蜀书・关羽传》：建安五年，曹公东征，先主奔袁绍。曹公擒羽以归，拜为偏将军，礼之甚厚。《三国志・魏书・武帝纪》：……备走奔绍，获其妻子。备将关羽屯下邳，复进攻之，羽降。《三国志・蜀书・先主传》：曹公东征先主，先主败绩。曹公尽收其众，虏先主妻子，并禽关羽以归。先主走青州。

照此说来，关羽那英勇不怕死的名声便似乎有了问题，因为他除了这一次向曹操投降外，后来便再也没有碰上有人招降他的，所以他到底怕不怕死我们便不得而知。但是看他在下邳时的投降举动，似乎不可以说他不怕死，因为若是不怕死，他是大可以为刘备死节的。

到了官渡之战的开始阶段，关羽仗其勇力在万军中斩杀了袁绍手下的名将颜良，曹操又请封关羽为汉寿亭侯。后来袁绍派遣刘备率小股人马骚扰许下，关羽亡归刘备。按正常的说法是关羽不忘刘备的知遇之恩，又感曹操待遇之厚，所以先斩颜良而报曹操，而后复归刘备。这种不忘旧恩的做法据说曹操也很赞赏，所以非但没有派兵追杀，还回绝了手下的追杀提议，因此历史上并没有《三国演义》里过五关斩六将的事发生。

至此，疑问又来了。关羽真的是像他说的那样“吾极知曹公待我厚，然吾受刘将军厚恩，誓以共死，不可背之。吾终不留，吾要当立效以报曹公乃去”[①] 吗？我看不一定，我们先看看他弃曹奔刘时的大背景是怎么样一个情况。

官渡之战，袁、曹无论兵力、后勤补给都是对比悬殊，袁绍以十余万人马对曹操的约三万人，在关羽斩颜良解了白马之围之后，曹操“……还军官渡。绍进保阳武。……绍连营稍

① 《三国志·蜀书·关羽传》：羽望见良麾盖，策马刺良于万众之中，斩其首还，绍诸将莫能当者，遂解白马围。曹公即表封羽为汉寿亭侯。初，曹公壮羽为人，而察其心神无久留之意，谓张辽曰：“卿试以情问之。”既而辽以问羽，羽叹曰：“吾极知曹公待我厚，然吾受刘将军厚恩，誓以共死，不可背之。吾终不留，吾要当立效以报曹公乃去。”辽以羽言报曹公，曹公义之。乃羽杀颜良，曹公知其必去，重加赏赐。羽尽封其所赐，拜书告辞，而奔先主于袁军。左右欲追之，曹公曰：“彼各为其主，勿追也。”《三国志·蜀书·先主传》：“曹公与袁绍相拒于官渡，汝南黄巾刘辟等叛曹公应绍。绍遣先主将兵与辟等略许下。关羽亡归先主。”

前，依沙塠为屯，东西数十里。公亦分营与相当，合战不利。时公兵不满万，伤者十二三。绍复进临官渡，起土山地道。公亦于内作之，以相应。绍射营中，矢如雨下，行者皆蒙楯，众大惧。时公粮少，与荀彧书，议欲还许"[①]。可见在解了白马之围后，不但官渡战场形势依然不利于曹操，而且粮草供给也已严重不足。所以当时很多人暗中与袁绍有往来，企图在曹操失败以后留个后路。曹操在击败袁绍之后，曾缴获了大量的曹操军中将领及许昌官员和袁绍暗中来往的书信，曹操焚之而不问[②]，说道："当绍之强，孤犹不能自保，而况众人乎！"[③]

除了战场形势不利，曹操的后方也受到来自江东的另一大军事势力孙策的威胁，"曹公与袁绍相拒于官渡，策阴欲袭许。迎汉帝，密治兵，部署诸将"[④]。

因此在这样一个对曹操相当不利的大背景下，关羽复投刘备，是不是一定就是仅仅因为刘备的"厚恩"，才"誓以共死，不可背之。吾终不留"，便又一次叛变呢？我就觉得难说得很了。因为前次在下邳时，关羽就因为曹操大兵压境投降过一次，这次虽然在官渡之战的开始阶段斩了颜良，一举成为曹营名将，但是曹操此后的情形实在是不乐观得很，兵力、粮草的悬殊，再加上还有来自后方孙策的威胁，一般按常识而言，曹操十有八九是输定了。不过也正因为曹操有这么多不利的因素，最后却打赢了这场看来必败的仗，官渡之战才成为历史上以少胜多的四大经典战役之一。只是在这时候，如果关羽去投

---

① 《三国志・魏书・武帝纪》。

② 《三国志・魏书・武帝纪》："追之不及，尽收其辎重图书珍宝，……公收绍书中，得许下及军中人书，皆焚之。"

③ 《三国志・魏书・武帝纪》。

④ 《三国志・吴书・孙策传》。

奔兵力占了绝对优势的袁绍阵营的故主刘备，倘使袁绍一旦胜利，那是不是会得到更好的待遇呢？我估计是一定可以的。那么他又为什么不直接投靠袁绍呢？看看前面，关羽杀了颜良，一举解了白马之围，导致袁绍的前期战术计划失败，同时也使袁绍军中的士气受到了打击。“良、丑皆绍名将也，……悉禽，绍军大震”①，以袁绍的为人，若马上去投靠恐怕是没什么好脸色给的，所以应该还是先去老主人刘备那里稳妥一点，而且理由是“誓以共死，不可背之。吾终不留”，面子上好看得紧。

只可惜，关羽这番话是在发生了一件事情以后才说的。

刘备在被吕布夺了徐州后，前去投靠曾派大将夏侯惇来增援自己的曹操，后来曹操给了一部分兵给刘备，自己亲率大军与刘备进攻徐州，当时吕布敌不住曹军的攻势，便派了一个叫秦宜禄的人去袁术那里讨援兵，哪知道那个秦宜禄被袁术看中，强行要他娶了汉王朝的宗室女子，而他的妻子杜氏当时还留在下邳。

关羽于是在围城的时候就请求曹操说，那秦宜禄帮吕布讨救兵，作为对他的惩罚，大军破城以后，希望将他的妻子杜氏赐给自己，曹操便答应了。哪知道后来城要破的时候关羽又一而再、再而三地向曹操说起这件事，曹操是何等样人，当下便起了疑心，怀疑那杜氏是个绝色佳人。于是在破城以后，曹操一声令下，将那杜氏先带来让自己看看。这一看之下，发现她果然是个绝代佳人，立时便据为己有。

想那关羽对曹操这样的横刀夺爱之举当然会很不高兴，也是心怀不满的，同时又对自己前面欺骗曹操说是因为秦宜禄帮吕布讨救兵，所以作为对他的惩罚，要将他的妻子杜氏赐给自

① 《三国志·魏书·武帝纪》。

关羽月下斩车胄

己，其实是因为自己垂涎杜氏绝色的想法被曹操识破而很不安。①

后来那个秦宜禄也投降了曹操，曹操封其为铚长，而杜氏则在曹操处诞下一子，据说是秦宜禄的骨肉，遂姓秦名朗。曹操对他是很喜欢的，曾说："世有人爱假子如孤者乎？"② 因为秦朗在曹操处是和曹丕和曹叡一起长大的，所以后来富贵一

---

① 《三国志·蜀书·关羽传》：曹公与刘备围吕布于下邳，关羽启公，布使秦宜禄行求救，乞娶其妻，公许之。临破，又屡启于公。公疑其有异色，先遣迎看，因自留之，羽心不自安。《三国志·魏书·明帝纪》：（秦）朗父名宜禄，为吕布使诣袁术，术妻以汉宗室女。其前妻杜氏留下邳。布之被围，关羽屡请于太祖，求以杜氏为妻，太祖疑其有色，及城陷，太祖见之，乃自纳之。

② 《三国志·魏书·明帝纪》：（秦）朗随母氏畜于公宫，太祖甚爱之，每坐席，谓宾客曰："世有人爱假子如孤者乎？"

时，还差点受明帝托孤[①]。由此看来曹操是很喜欢杜氏的，爱屋及乌，连秦宜禄的儿子也沾了光。

不过照这样说来，那杜氏在城被围的时候已经是个大腹便便的孕妇了，想一下以关羽和曹操这两人，居然都为一个孕妇着迷，而且还能令一贯有爱才之名的曹操不惜反悔食言，并且还是对关羽这样一个勇将毁诺食言，可见那杜氏美貌非同小可，实在应该可以称得上是倾国倾城的绝代佳人的。

对于这样一个倾国倾城的梦中情人被曹操横刀夺爱，关羽自然是要耿耿于怀的。对他那几个极要好的像兄弟一样的人估计也说过的，所以后来张飞便在曹操再次进攻徐州撤退的时候，想带上秦宜禄走，毕竟他是那个秦朗的亲爹，说不定以后有用。哪里知道那个窝囊废居然半路又想折回去，结果被张飞一矛捅死了事[②]。张飞当时劝他走时说话的大意是：人抢了你老婆，你居然还替他当官，怎地没有用到如此啊？这句话用来说关羽也倒是一样颇为合适，想那曹操平白抢了他的梦中情人，他的心中也必是窝气得很。

综合以上的情况来看，这关羽不好女色的说法显然是个无

---

① 《三国志·魏书·明帝纪》：（秦）朗游遨诸侯间，历武、文之世而无尤也。及明帝即位，授以内官，为骁骑将军、给事中，每车驾出入，朗常随从。时明帝喜发举，数有以轻微而致大辟者，朗终不能有所谏止，又未尝进一善人，帝亦以是亲爱；每顾问之，多呼其小字阿稣，数加赏赐，为起大第于京城中。四方虽知朗无能为益，犹以附近至尊，多赂遗之，富均公侯。……帝以燕王宇为大将军，使与领军将军夏侯献、武卫将军曹爽、屯骑校尉曹肇、骁骑将军秦朗等对辅政……帝曰："我困笃，不能。"放即上黙，执帝手强作之，遂赍出，大言曰："有诏免燕王宇等官，不得停省中。"于是宇、肇、献、朗相与泣而归第。

② 《三国志·魏书·明帝纪》：（秦）宜禄归降，以为铚长。及刘备走小沛，张飞随之，过谓宜禄曰："人取汝妻，而为之长，乃蚩蚩若是邪！随我去乎？"宜禄从之数里，悔欲还，飞杀之。

关羽念旧情释放曹操

稽之谈。在两军对垒的战场上，他居然还对一个大腹便便的美貌孕妇念念不忘，以至于一而再、再而三地对主帅曹操提起要将她据为己有，当然算得上是个极其标准的好色之徒了。只是这个时候，却偏又为自幼便好声色犬马、生性风流不羁的曹操识破了他的欺骗伎俩，斜刺里把这个他朝思暮想的梦中情人、美貌孕妇夺了去，那时节关羽心里必定又是怕又是恨，怕的是自己的欺骗伎俩被曹操识破，恨的是自己的梦中情人被曹操夺了去。再加上在官渡之战时，曹操一方左看右看上看下看都是要输的，在这个时候要是仗着自己斩颜良的名气去投靠势力明显庞大许多的袁绍，自然是最佳选择，说不定曹操烧掉的那些书信里，有关羽给袁绍和刘备的信也未可知。

只是哪知道他这样博取义名的结果，反而是断送了自己的一条性命。后来关羽败走麦城时，孙权便认为："狼子不可养，后必为害。曹公不即除之，自取大患，乃议徙都，今岂可生！"[1] 因此孙权拒绝了一众手下的招降建议，一刀把关羽给杀了。要是我们前面那些假设是真的，关羽也可以够资格说得上一句"机关算尽，反误了卿卿性命"了。

---

① 《三国志·蜀书·关羽传》。

关羽世系以及其子平、索略考

关羽其人，在《三国志》和各种典籍的记载中，都没有关于他身世的详细记载。既没有关于他长辈和妻室的记载，对他的几个儿子以及他本人的生辰等也均语焉不详。只是在《三国志·关羽传》中说了一句“关羽字云长，本字长生，河东解人也”，就没有交代了。而有关他那个在《三国演义》中被频频提到的儿子、蜀汉大将关平，也只在说关羽死的时候这么记了一笔：

权遣将逆击羽，斩羽及子平于临沮。

裴注《蜀记》又曰：

权遣将军击羽，获羽及子平。

除此之外，便再没有说什么，连关平的表字是什么都不知道。关羽其他的后代和家属，在《三国志》他的本传中（关羽死后）说道：

……子兴嗣。兴字安国，少有令问，丞相诸葛亮深器异之。弱冠为侍中、中监军，数岁卒。子统嗣，尚公主，官至虎贲中郎将。卒，无子，以兴庶子彝续封。

裴注《蜀记》曰：

庞德子会，随钟、邓伐蜀，蜀破，尽灭关氏家。

看这些资料可以知道：关羽，本字长生，河东解人，有子关平、关兴。关平和关羽一起在荆州被杀。关羽次子关兴早卒，而关兴的嫡子关统无后，所以在关统死后便由关兴的庶子关彝继承了关羽的爵号。而关氏家族在成都的人口被魏将庞德的儿子庞会随邓艾入蜀后全数杀死。从《三国志》中可以知道的基本上就是这些了。

关羽的身世，一直到了清朝康熙年间，才有了个比较明确的答案。康熙戊午，解州守王朱旦在浚修古井的时候，发掘出关羽的墓砖。上面刻有关羽祖、父两世的表字、生卒年月等，资料比较详细，还略有提到关羽的家庭状况。他因此写了《关侯祖墓碑记》。据墓砖上文字记载，关家其实是个文人世家。关羽祖父叫关审，字问之。汉和帝永元二年（90）庚寅生，居住在解州常平村宝池里。记载说他“冲穆好道”，常以《易》、《春秋》训其子，于桓帝永寿二年（156）丁酉卒，年六十八。

羽父关毅，字道远。性至孝，父审卒后，在墓上结庐守丧三年，除丧，于桓帝延熹三年（160）庚子六月二十四日生关羽。羽长成后娶胡氏为妇，灵帝光和元年（178）戊午五月十三日生下了儿子关平。后钱塘人冯景山又据此作了《汉寿亭侯祖系记》。

按照这些资料看，民间习俗以五月十三为关羽的生辰去关庙祭祀关羽以及在家供奉，实在是个误传，五月十三日当是关羽之子关平的生辰。墓砖的发现还让我们证实了关平的确是关羽的亲生子，而并非是像《三国演义》和一直以来民间传说中所说的那样，只是他的养子。同时，从墓砖上的记载还可以知道，《三国志》裴注中所引的“江表传曰：羽好左氏传，讽诵略皆上口”一说，并非空穴来风，因为关羽的祖父关审就用《易》和《春秋》来教子，所以关羽对左氏传“讽诵略皆上口”应该是承秉家学所致。

至于那个关索，我们可以从前面的史料上知道并无这个人的记载。南通曾经在20世纪70年代出土了明成化（1465—1487）年间刊刻的《新编全相说唱足本花关索出身传等四种》，其中的《花关索出身传》一开篇就写刘备、关羽、张飞三人一见如故，“在青口桃源洞”“姜子牙庙王”之前“对天设誓”，以后打算干一番大事业。刘备对关、张二人说，“我独自一身，你二人有老小挂心，恐有回心”。关公道：“我坏了老小，共哥哥同去。”张飞道：“你怎下得手杀自家老小？哥哥杀了我家老小，我杀了哥哥底老小。”刘备道：“也说得是。”于是关、张二人约定互相杀光对方的家属。张飞跑到关羽老家蒲州解县，杀死了关家大小十口，只是因为不忍心才带走了已经长大了的关羽的长子关平、放走了已经有身孕的关羽的妻子胡金定，后来生下小英雄关索。关羽杀了张飞的全家。办完这些事后将身回到桃源镇，弟兄三个便登呈（程），前往兴刘山一座，替天行道作将军。再后来的情节是说关索长大后到荆州找到关羽要认父归宗，关羽不认，关索大怒便翻了脸威胁父亲说如果不依他，他就要投奔曹操，起刀兵来捉拿关羽等五虎上将……而在《水浒传》中有叫病关索的诨号，云南还有地名叫关索岭的，并有祭祀他的祠庙，可见这个关索在民间传说中是颇有影响的。但是许多学者认为，民间流传的所谓“花关索”的故事，并没有历史根据，也有人认为“索”和“平”字的古篆写法差不多，关索可能就是关平，可关平一生从未到过云南，所以这种说法也不可信，因此一般史学界公认的结论是，这纯粹是个传说，历史上并无关索其人。看以上资料，应该说目前我们只能承认这个结论是正确的。不过有一点是对的，就是关羽的夫人是胡氏。

另外，现在在上海图书馆收藏有五种关姓家谱，地方分别是浙江杭州和广东南海、番禺、新会，其中有四部谱，关氏族人都自称为“汉寿亭侯”后裔。山东省兖州县档案馆也收藏有一部（山东）《武圣府分支关氏宗谱》，编修人叫关金标，是民国三十年（1941）的刻本。不过，一直到目前来看，还没有一本真正意义上的《关氏家谱》。因为现有的家谱都是从宋以后开始记载的，在图表中并没有关羽的名讳。所以严格讲起来，它们还不是真正意义上的关公家谱，对我们了解关羽其人没有太大的帮助。倒是对研究谱牒学的人来说是不可多得的珍贵资料。1995 年，国际文化出版公司（北京）也曾经影印出版了一部《关帝文献汇编》丛书，共分 10 册，第 8 册（405 页至 462 页）中有影印《关氏家谱》。这是目前唯一一部正式发现的由朝廷正式编修的关羽家谱，可惜注意到的人很少，丛书是由鲁愚等人编辑的。只是这本也只是清代的写本，在清康熙到嘉庆年间递经增修，嘉庆时的编修人为关文榜，是关氏五十八代孙。

综合关姓各种族系资料的说法，关姓郡望陇西，始祖是夏桀时的忠臣关龙逄，关羽为其二十七世（一作三十七世）后裔。关羽、关平于麦城兵败被杀，关平之妻赵氏携八岁的儿子关樾，在安乡民家避难，改姓为门。直到西晋灭吴后赵氏才带儿子出来恢复关姓。清雍正十年（1732），朝廷确定由关樾一支后裔世袭五经博士。关兴的两个儿子关统、关彝，因为嫡子关统无子，所以由庶子关彝系下繁衍生息，成为关公后裔的一大宗派。蜀汉灭亡以后，这支关氏族人迁移至今湖北江陵一带，到唐朝德宗时，关羽后裔关播曾经做过宰相。据《旧唐书》（列传卷八十）记载关播为德宗检校尚书右仆射（相当于宰相之职），贞元十三年（797）正月七十九岁而终。他死后六年，白居易曾经租了关府东亭作为栖身之地，故其文中多有称“故关相国”云。

之后到了宋朝，或许是因为当局开始尊崇关羽，于是各地的关氏族裔都开始注重家谱，是以保留下来的家谱开始多了起来，到今天，关氏的后裔遍布全国，连海外都有不少，据报载，前几年在山东的关羽祭典上一次统计表明，现在关姓子孙已广泛分布全国各地，并流播海外。

狼子野心、残暴少谋、虚负勇名的“锦马超”

马超，在《三国演义》中是刘备手下的五虎上将之一，关张赵马黄，排名大约是第四位。这是因为估计关、张、赵打起来还不至于会输给他，至多也是个平手，那老黄忠毕竟是年纪大了些，只怕不一定敌得过马孟起的年轻力壮。

在《三国演义》里，马超和他的父亲马腾，以及马腾的好友韩遂等一干西凉豪强，驱兵直下长安，先是图谋讨伐董卓手下的乱党李、郭、樊、张等人，不幸兵败退回凉州。而后马腾和他的几个子侄又一次受汉献帝的密诏，率兵前来除灭曹操，结果行事不密，为曹操所杀，侄子马岱单骑逃回西凉。

马超当时留守西凉，闻讯和韩遂起兵杀奔长安，为其父马腾和几个兄弟报仇。

在《三国演义》里，曹操历来畏惧马氏，在赤壁之战的时候，徐庶为了从赤壁脱身以免玉石俱焚，庞统就曾教他造谣说西凉马氏作反，而使得曹操派他前往潼关，因此得免赤壁火烧之祸。

后来马超等真的起兵后，曹操亲起大军，尽出曹营名将如徐晃、许褚等人，在潼关几次与马超恶战，期间曹操曾被马超杀得割髯弃袍，下河争船逃命等，好几次险些便死于马超枪下，狼狈之至。后来曹操屡用计谋，先离间了韩遂和马超，方击败马超。马超败回西凉。

两年后，马超又一次兴兵，不过这次只是在陇右纵横，还没出雍凉就为当地吏民杨阜、姜叙、赵昂等人所败，马超进退无据，只好投奔汉中的张鲁。他在张鲁处又因为屡次要求发兵讨曹不成，再加张鲁手下的几个大将都和他不睦，在张鲁派他攻打刘备的时候，他便投降了大耳公刘备先生。那益州牧刘璋闻听马超投了刘备，并前来进攻成都，当下心神大乱，举州出降，刘备因此便得了益州。

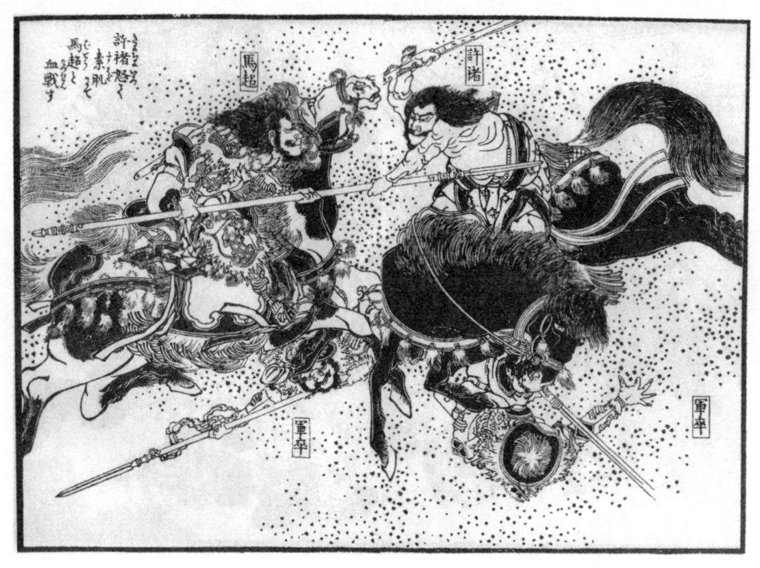

许褚裸衣斗马超

此后在刘备处，马超一直镇守着西线，乃是因为他和西凉羌胡的关系历来比较好。不久，马超便于壮年身死，死时四十七岁。

《三国演义》里数番描叙马超是“面如冠玉，眼若流星，虎体猿臂，彪腹狼腰”，着实是英俊年少，悍猛无敌，又因他极喜穿白，是以得了个“锦马超”的名。他少年时便随父讨逆党，后来又因曹操杀了自己那奉天子诏而去讨国贼的父亲及满门兄弟子侄，便为父弟报仇，屡屡起兵讨曹，正可谓集国仇家恨于一身，俨然一个大义凛然的正面形象。

实际上照我看来，这是罗贯中在袒护他，估计是为了丑化曹操，或是还有什么其他的意图，因此便给我们来了一招乾坤大挪移。其实在《三国志》里，也就是历史上比较真实的那个马超，应该是个狼子野心、残暴少谋、空负了一个勇名的人，至少是绝对算不上好人的，更别说是大义凛然了。

说到这个，我们要先从马腾和韩遂说起才行。

马腾，字寿成，是汉伏波将军马援的后代，因为征战有功，从一介布衣至征西、征东将军，长驻陇右。韩遂，字文约，西凉北宫伯玉作反，以边章和他二人一起为首，众至十余万，而朝廷不能治，边章等先亡，朝廷封韩遂为镇西将军。马腾与他先是结为异姓兄弟，后来因部下互相攻击，反目为仇，便开始打了起来。先是马腾胜出，韩遂败退，后来韩遂又卷土重来击败了马腾，还杀了马腾的妻子。自此两部之间的战争连年不断，一直到了在三辅、关西一带威信极高的司隶校尉钟繇前来调解，方才算告一段落[1]。

后来到官渡之战的时候，袁绍甥高干、大将郭援奔袭长安，钟繇通示马腾，马腾使马超领精兵万人与钟繇合力，击败高干及匈奴单于，马超部将庞德斩其大将郭援（郭援系钟繇之甥）。后高干等再次来攻，又为钟繇、马腾、马超及关西诸将击败[2]。曹操征荆州，马腾等居关中。建安十三年（208），钟繇为了避免关西军阀割据的混乱局面再次出现，便征马腾入京师，马腾因为自己的年纪的确也是大了，于是就在当地两千石官吏的迎送下，入京师宿卫。曹操当即表其为卫尉，马超的亲弟弟马休和马铁分别被封为奉车都尉和骑都尉，随马腾以及家属共徙邺郡居住。又拜马超为偏将军，由他单独留在关西统领马腾的部众，韩遂亦同时遣其子入京师为质[3]。

---

① 《三国志·蜀书·马超传》：腾字寿成，马援后也。桓帝时，其父字子硕，当为天水兰干尉。后失官，因留陇西，与羌错居。家贫无妻，遂娶羌女，生腾。腾少贫无产业，常从彰山中斫材木，负贩诣城市，以自供给。腾为人长八尺余，身体洪大，面鼻雄异，而性贤厚，人多敬之。灵帝末，凉州刺史耿鄙任信奸吏，民王国等及氐、羌反叛。州郡募发民中有勇力者，欲讨之，腾在募中。州郡异之，署为军从事，典领部众。讨贼有功，拜军司马，后以功迁偏将军，又迁征西将军，常屯汧、陇之间。初平中，拜征东将军。是时，西州少谷，腾自表军人多乏，求就谷于池阳，遂移屯长平岸头。而将王承等恐腾为己害，乃攻腾营。时腾近出无备，遂破走，西上。会三辅乱，不复来东，而与镇西将军韩遂结为异姓兄弟，始甚相亲，后转以部曲相侵入，更为仇敌。腾攻遂，遂走，合众还攻腾，杀腾妻子，连兵不解。建安之初，国家纲纪殆弛，乃使司隶校尉钟繇、凉州牧韦端和解之。

② 《三国志·蜀书·马超传》：司隶校尉钟繇镇关中，移书遂、腾，为陈祸福。腾遣超随繇讨郭援、高干于平阳，超将庞德亲斩援首。

③ 《三国志·蜀书·马超传》：征腾还屯槐里，转拜为前将军，假节，封槐里侯。北备胡寇，东备白骑，待士进贤，矜救民命，三辅甚安爱之。十（五）［三］年，征为卫尉，腾自见年老，遂入宿卫。初，曹公为丞相，辟腾长子超，不就。……诏拜徐州刺史，后拜谏议大夫。及腾之人，因诏拜为偏将军，使领腾营。又拜超弟休奉车都尉，休弟铁骑都尉，从其家属皆诣邺，唯超独留。

献帝密敕马腾勤王

然而在建安十六年（211），马超竟然置他在邺郡的老父马腾及亲兄弟马休、马铁等一众家属的生死安危于不顾，悍然起兵作反。

这一举动的直接后果，当然便是导致他在邺郡的老父和两个亲弟弟以及在那里的所有马氏家族成员，都以谋逆的罪名被下狱斩首，大约有一百来号人，曹操也算对得起马氏家族了，一直等到次年的五月才把马腾等人斩首。且先不去说君主专制社会的株连制度和夷三族的做法对不对，只是就当时的情况而论，汉朝中央政府为了避免诸侯豪强割据，要各地诸侯豪强押人质的举动显然是有道理的。而马超在汉朝中央政府没有做任何对他不利举动的情况下，仅仅因为“疑繇欲自袭”这样子虚乌有的原因，就“与韩遂、杨秋、李堪、成宜等叛”，这种举动的目的，当然是企图一直割据称霸西凉，做一个土皇帝。且看他后来在潼关战之不利时的举动：

> 超等屯渭南，遣信求割河以西请和，公不许。九月，进军渡渭。超等数挑战，又不许；固请割地，求送任子。①

我们就知道，他是把汉王朝的土地当做了他马超的私家土地，否则何来“割河以西请和”与“固请割地”这样的说法，他“割”的可是汉朝土地，又不是他马家的私产，作为汉朝丞相的曹操自然是不会接受这样一个荒诞之至的谈判要求的。而在此前起兵作反时，他还居然要求韩遂和他一样抛弃在汉朝的亲属一起作反：

> 超谓约曰：……今超弃父，以将军为父，将军亦当弃子，以超为子。②

据上所言，马超着实是当得起“不忠、不孝”这个名声

---

① 《三国志·魏书·武帝纪》：是时关中诸将疑繇欲自袭，马超遂与韩遂、杨秋、李堪、成宜等叛，……伏兵击破之。超等屯渭南，遣信求割河以西请和，公不许。九月，进军渡渭。超等数挑战，又不许；固请割地，求送任子。

② 《三国志·魏书·张既传》：（阎行）宣太祖教云：“谢文约：卿始起兵时，自有所逼，我所具明也。当早来，共匡辅国朝。”行因谓约曰：“行亦为将军与军以来三十余年，民兵疲瘁，所处又狭，宜早自附。是以前往在邺，自启当令老父诣京师，诚谓将军亦宜遣一子，以示丹赤。”约曰：“且可复观望数岁中！”后遂遣其子，与行父母俱东。会约西讨张猛，留行守旧营，而马超等结反谋，举约为都督。及约还，超谓约曰：“前钟司隶任超使取将军，关东人不可复信也。今超弃父，以将军为父，将军亦当弃子，以超为子。”

的。也正因为他有这种种举动，所以我才说马超是一个为达个人目的全然不顾家人生死，可称之为狼子野心的野心家。

至于说马超之无谋，我看大家都知道，是不用多说的了。因为没有哪本书上说他是个多智的人，哪怕是演义也好，史书也好，都没有这样的说法。看他在潼关时源源不断地有援军到来时，曹操的态度就知道了：

> 每一部到，公辄有喜色。贼破之后，诸将问其故。公答曰：关中长远，若贼各依险阻，征之，不一二年不可定也。今皆来集，其众虽多，莫相归服，军无适主，一举可灭，为功差易，吾是以喜。①

倘若马超多智，曹操没有必胜之把握，焉会对他大量援军到来反而会感到高兴呢，又怎么会有“一举可灭，为功差易，吾是以喜”的说法。后来在他败退后第二次在西凉起兵时，干脆连雍凉都未能出，就为当地的官兵所败，“进退无据”，狼狈不堪，所以要说马超无谋，应该是个不争的事实。

再来说他的残暴，一方面是因为他要对他的父亲以及马氏家族一百多人的死，负直接责任；另一方面是他在第二次起兵的时候，不但先杀了很多已经投降了他的高级官吏，包括太守和刺史等，还杀害了很多抵抗他的汉王朝官吏的家属。其中有一个抚夷将军姜叙的老母被他抓住后，就这样骂他：“汝背父之逆子，杀君之桀贼，天地岂久容汝，而不早死，敢以面目视

---

① 《三国志·魏书·武帝纪》。

人乎！”于是“超怒，杀之”[①]。我们仅仅就从上面的两个例子来看，说马超残暴就应该是不为过的。

那么现在我们再看看马超的勇名怎么样。可以说明问题的例子现成就有一个，就是他在潼关时曾和曹操在阵前对话，当时“曹公与遂、超单马会语，超负其多力，阴欲突前捉曹公，曹公左右将许褚瞋目盼之，超乃不敢动”[②]，如此看来，当时双方有四个人在场：马超、韩遂和曹操、许褚。形势是两个对两个，而仅仅因为许褚瞪了身负勇名的“锦马超”一眼，马超就“乃不敢动”，这个名声只怕便有了问题，因为他只是被人瞪了一眼就连试一试的勇气都没有了，还如何言“勇”？

另外，还有一件事是很少为人知的，那就是早在建安初年马腾和韩遂的战乱中，他和韩遂的女婿阎行单挑，史书载曰：

> 建安初，约与马腾相攻击。腾子超亦号为健。行当刺超，矛折，因以折矛挝超项，几杀之。[③]

当时如果不是阎行的矛折了，只怕马超颈上立时就多了个

---

① 《三国志·魏书·杨阜传》：州遣别驾阎温循水潜出求救，为超所杀……刺史、太守卒遣人请和，开城门迎超。超入，拘岳于冀，使杨昂杀刺史、太守……（杨阜）外与乡人姜隐、赵昂、尹奉、姚琼、孔信，武都人李俊、王灵结谋，定讨超约，使从弟谟至冀语岳，并结安定梁宽、南安赵衢、庞恭等。约誓既明，十七年九月，与叙起兵于卤城……超袭历城，得叙母。叙母骂之曰：“汝背父之逆子，杀君之桀贼，天地岂久容汝，而不早死，敢以面目视人乎！”超怒，杀之。

② 《三国志·蜀书·马超传》。

③ 《三国志·魏书·张既传》：阎行，金城人也，后名艳，字彦明，少有健名，始为小将，随韩约。建安初，约与马腾相攻击。腾子超亦号为健。行当刺超，矛折，因以折矛挝超项，几杀之。至十四年，为约所使诣太祖，太祖厚遇之，表拜犍为太守。

洞一命西归了。而这个阎行，知道的人大概寥寥无几吧，因为他居然在史书上连个正式的列传都没有，演义里也没有这个人，说他是个无名之辈应该不算过分，大家不知道正常得很，但堂堂的“锦马超”居然败在他手下，而且还是因为对方的矛折了才捡了一条命，就有点说不过去了。照这样说来，所谓的“锦马超”勇力也就不过尔尔，那勇将的名声真的可以说是徒有虚名。

这样看来，说马超是个狼子野心、残暴少谋、空负了一个勇名的人，想来是应该没有错的了。

葭萌关张飞夜战马超

华佗之死的另一种说法

华佗，字元化，沛国谯（今安徽亳县）人，一名旉。史载其“游学徐土，兼通数经”。先为当时的沛相、魏伏波将军广陵太守陈登之父陈珪举孝廉，后来太尉黄琬亦曾辟他，因世道争乱而皆不就官。

华佗的医术，历来为人称道，他在东汉时便已经可以施用打开腹腔的外科手术，然后再使用针线缝合，和现代医术如出一辙。书曰：

> 病若在肠中，便断肠湔洗，缝腹膏摩，四五日差，不痛，人亦不自寤，一月之间，即平复矣。……又有人病腹中半切痛，十馀日中，鬓眉堕落。佗曰：“是脾半腐，可刳腹养治也。”使饮药令卧，破腹就视，脾果半腐坏。以刀断之，刮去恶肉，以膏敷疮，

饮之以药，百日平复。①

华佗在一千八百年前就可以进行脾脏摘除手术，足可见其医术之高明。

而他所发明的“麻沸散”，也是目前知道的世界上最早的纯中药手术麻醉剂，功效神奇，《三国志·方技传》：

> 若病结积在内，针药所不能及，当须刳割者，便饮其麻沸散，须臾便如醉死无所知，因破取。

可以使受术者在手术过程中竟如醉死，一无所知。

在罗贯中的《三国演义》中，有一段华佗为关羽刮骨疗毒的描写，说的是关羽在襄阳之战时为魏军毒箭所中，华佗为关羽剖臂刮骨，去除骨上剧毒，而关羽神色不变，尚在与人下棋。这一段写关羽之神勇，也同时描写了神医华佗的医技高明。

只是这一段其实是罗老先生杜撰的。关羽刮骨疗毒倒是真有其事，《三国志·蜀书·关羽传》有载：

> 羽尝为流矢所中，贯其左臂，后创虽愈，每至阴雨，骨常疼痛，医曰：“矢镞有毒，毒入于骨，当破臂作创，刮骨去毒，然后此患乃除耳。”羽便伸臂令医劈之。时羽适请诸将饮食相对，臂血流离，盈于盘器，而羽割炙引酒，言笑自若。

---

① 《三国志·魏书·华佗传》。

华佗为关羽刮骨疗箭毒

这里的说法是关羽一边在宴会上喝酒一边让医生为他疗毒，这件事如果按史实推断的话，当在襄阳之战以前发生，而不是如《三国演义》里说的那样是在襄阳之战时的事。而且，那位医生也不是华佗，而是关羽军中的军医。

在《三国演义》里，罗贯中为了突出曹操多疑的性格，将这件为关羽疗毒的功劳平白给了华佗，然后在后来华佗为曹操治头痛病的时候，提出要为曹操做开颅手术，曹操因此疑心大起，又联系起华佗为关羽疗毒之事，便怀疑他要谋害自己，遂将其下狱治死。

说老实话，以华佗的医技来治关羽的这个伤，应该可以说是杀鸡用牛刀，绝无问题。这里要说的是华佗的死因，绝非是像罗贯中在《三国演义》里说的那样，是要为曹操做开颅手术而为曹操怀疑要谋害自己，终于不幸殒身的。

华佗原本出身士人，上面已经说了，他“游学徐土，兼通数经”，而后以医术精湛而名闻天下。但是，在汉代，套用句老话，还是“万般皆下品，唯有读书高”的。医生，在史书上归入《方技传》，绝无可能单列一传，从这个上面也可窥知一二。

华佗对自己的医生身份，一直是耿耿于怀深以为耻的。史曰其“然本作士人，以医见业，意常自悔”，所以，华佗时刻在寻找走上仕途的机会，遗憾的是，所有人都把他看做是一个好医生，而没有人把他看成是一个可以从政的士人。这个本来也无可厚非，如果让一个好医生舍弃了医生身份而去从政，实在有点可惜。而作为华佗，自己的理想是走上仕途，这个想法本也没有错，如果他以自己的才学走仕途，未必不是一件好事。

可惜的是，华佗在试图走上仕途的过程中非但犯了一个大错，而且还暴露了他道德上的缺陷，并为此付出了生命的代价。

当时的魏王曹操患有头痛病，后来尤甚。华佗医术高明，曹操遂“使佗专视”，华佗成为曹操的“御医”。华佗看了曹操的病情后，说：“此近难济，恒事攻治，可延岁月。”意思是这个病一时难以治好，需要假以时日方可。在为曹操治疗的过程中，华佗便开始故意拖延进程，并又借口“‘当得家书，方欲暂还耳。’乃归家”，而到家以后，又假辞以妻子生病，数次逾期不归。究其本意，乃是意图要挟曹操，谋取官职。

曹操屡次手书招呼，又敕令郡县发遣，而“（华）佗恃能厌食事，犹不上道”。曹操遂“大怒，使人往检”，但是他还是小心地先求证了一下，没有就此给华佗定罪：“若妻信病，赐小豆四十斛，宽假限日；若其虚诈，便收送之。”于是华佗谎言被揭穿，下狱。

在华佗下狱后，曹操手下的头号谋臣荀彧为华佗求情，说：“佗术实工，人命所县，宜含宥之。”而曹操不从，并说：“不忧，天下当无此鼠辈耶?”到了这个时候，曹操对华佗的鄙薄之意已然溢于言表。

作为一个医生，把为病人治病当作一个走上仕途的手段而故意拖延并以此为要挟，华佗此举实在是有损医德，是可称为无良医生，曹操看不起他，当是在情理之中。

所以在华佗死后，曹操头风病虽然还是时时发作，但亦终不悔，并道：“佗能愈此。小人养吾病，欲以自重，然吾不杀此子，亦终当不为我断此根原耳。”此话一针见血，道出了华佗的心思和华佗被杀的原因。可叹华佗一代神医，医术固然一流，只是却欲与一代雄杰的曹操玩弄权术，未免过于小瞧了

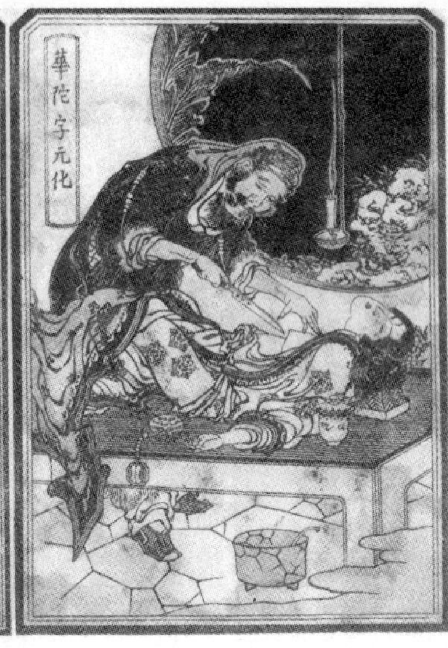

曹操。

曹操唯一一次后悔杀华佗，是在他的爱子仓舒病重的时候，曾说“吾悔杀华佗，令此儿强死也”，对此子的爱惜之心可见一斑，难怪后来曹丕说如果仓舒在，他这个太子能不能当得上恐怕就很成问题了。

由此可见，华佗虽然医术绝顶神通，只是为人实在不怎么样，竟然企图用病人的病来要挟，以此实现自己走上仕途的愿望。只可惜最后机关算尽，反误了卿卿性命，非但身死，还连带着“麻沸散”和他精湛的外科手术就此失传。要是这些都流传了下来，那中华医学或许还可以因此而填补一下外科手术上的缺憾，而现在却只余下他创造的健身法“五禽戏”，着实令人扼腕叹息。

飞将军中原绝舞

——能文善武的悲剧豪雄吕布

读《三国演义》者，大多看完之后，对吕布最深的印象恐怕就是燕人张翼德的那一句“三姓家奴”，他的形象，大约就是好勇斗狠，纯粹是一介武夫，还奴颜婢膝，不讲道义，善变又无主见的样子。只是如果去看看《三国志》，这些恶行恐怕是要略微翻转一下才是。不管演义小说中把他写成什么样，但是在历史记载中的吕布，按我的看法却是个由于个人性格而导致最后身死名灭的悲剧豪雄，即使不算是英杰，也当可算得是一时豪雄，绝对不是像演义上描写得那样不堪的一个小人。

吕布，字奉先，五原郡九原人。先以“骁武给并州。刺史丁原为骑都尉，屯河内，以布为主簿，大见亲待”①。从这一段话，可以知道两件事情，一个是吕布“骁武”，这个自不待言，恐怕是人尽皆知的事情，第二个却是被人忽略以及小说家们故意抹杀了的，但是极重要的一个问题，就是“以布为主簿”一

① 《三国志·魏书·吕布传》。

节。主簿，在汉代是掌管军中所有钱粮政务、公文书信来往等一应事体的官吏，是个纯粹的文职，而且所掌事务很琐碎，而吕布在任主簿后被丁原“大见亲待”，那应该说吕布在这个职位上是做得很不错的。由此可见，吕布绝对不是个卑鲁少文之人，按现在的说法，怎么也算得上是个知识分子，而不是像演义中所描写的那样，是个只知道倚仗蛮勇的莽夫。

灵帝崩后，大将军何进与司隶校尉袁绍谋诛宦官，何进召董卓带兵赴京师，而丁原和吕布也“将兵诣洛阳。与何进谋诛诸黄门，（丁原）拜执金吾”。执金吾相当于现在的卫戍司令一职，结果事不成何进身死，洛阳大乱。“中常侍段珪等劫帝走小平津，卓遂将其众迎帝于北芒，还宫”，董卓开始掌权。董卓为了专权，便“欲杀原，并其兵众。卓以布见信于原，诱布

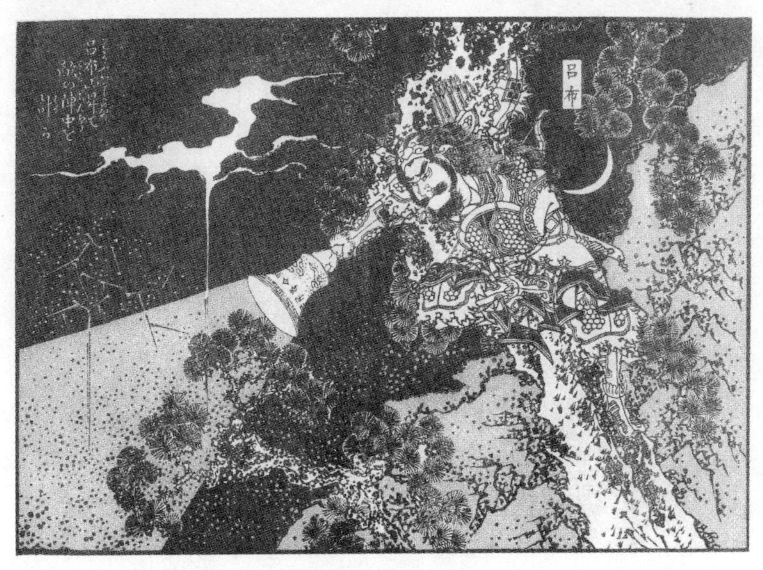

吕布登山观敌阵

吕布刺杀丁原

令杀原。布斩原首诣卓，卓以布为骑都尉”①。演义上说到这一段的时候，说吕布是丁原的义子，然后又因为贪图金珠宝马杀丁原而投董卓，其实历史上根本没有吕布和丁原为父子的说法，写二人关系只有“大见亲待”一句，也没有说董卓用金珠宝马去收买吕布，而且当时董卓官拜前将军，封鰲乡侯兼并州牧，要论官位，董卓的前将军远在丁原的执金吾之上，对吕布以上令下，吕布当没有回旋的余地。因为吕布并不是丁原的私人武装——部曲将领，而是汉官吏；再者，其时甚至连“(何)进、苗部曲无所属，皆诣卓”②，又加董卓有救驾大功，皇帝在他手上，生死予夺，只要说一句圣旨如此，由不得你不从，所

① 《三国志 · 魏书 · 吕布传》、《三国志 · 魏书 · 董卓传》。

② 《三国志 · 魏书 · 董卓传》。

以这一段，当是小说家的曲笔。

另外被绝大多数人忽略但是相当重要的一点是，董卓在其进京的初期，名声是相当不错的。

《后汉书·董卓列传》云，董卓初时：

> 擢用群士。乃任吏部尚书汉阳周毖、侍中汝南伍琼、尚书郑公业、长史何颙等。以处士荀爽为司空。其染党锢者陈纪、韩融之徒，皆为列卿。幽滞之士，多所显拔。以尚书韩馥为冀州刺史，侍中刘岱为兖州刺史，陈留孔宙为豫州刺史，颍川张咨为南阳太守。卓所亲爱，并不处显职，但将校而已。

他所选拔的这些人，基本都是名士和名门之后，在各方面都有一定的过人之处，也都颇有人望，而他自己的部属却都只被任命为低级职位。

《资治通鉴》又曰：

> 董卓率诸公上书，追理陈蕃、窦武及诸党人，悉复其爵位，遣使吊祠，擢用其子孙。

陈蕃、窦武乃天下名士，声望极高，在灵帝时为宦官所枉杀，当时天下士人百姓皆冤之，此等天下大冤而今在董卓手上一朝得雪；大儒蔡邕，先前因为得罪宦官“徙朔方，会赦得还。五原太守王智……奏蔡邕谤讪朝廷；邕遂亡命江海，积十二年”，董卓进京后，又马上辟之。

(蔡邕）到，署祭酒，甚见敬重。举高第，补侍御史，又转持书御史，迁尚书。三日之间，周历三台。迁巴郡太守，复留为侍中[①]，卓重邕才学，厚相遇待，每集宴，辄令邕鼓琴赞事，邕亦每存匡益[②]。

这个时候董卓俨然是一个贤臣模样，不但能礼贤下士，还能纳谏——“邕亦每存匡益”，正因为这样，蔡邕才有在董卓死时，于王允席上发出了一声致使他身死的、深感董卓知遇之恩的那一叹。

在这个时候，董卓绝对是个贤臣和天下栋梁的样子，谁又知道他后来会怎么样。因此正可说“设使当初身先死，千古忠奸有谁知”，是以当时亦不得给吕布冠以助纣为虐之名。

到后来王允与仆射士孙瑞密谋诛董卓的时候，因为“卓自以遇人无礼，恐人谋己，行止常以布自卫。然卓性刚而褊，忿不思难，尝小失意，拔手戟掷布。布拳捷避之，为卓顾谢，卓意亦解。由是阴怨卓。卓常使布守中閤，布与卓侍婢私通，恐事发觉，心不自安”[③]，所以便以吕布为内应来刺杀董卓，吕布与董卓，倒有“卓……甚爱信之，誓为父子”一句。又有王允说吕布时，“布曰：‘奈如父子何！’允曰：‘君自姓吕，本非骨肉。今忧死不暇，何谓父子？’布遂许之”一段[④]，这个时候说吕布倒是有得一说的，只是董卓此刻已经凶相毕露，是个乱天下的国贼，关东诸侯已然起兵讨伐，可说人人得而诛之，所以最多只好说吕布是假公济私而已。

---

① 《后汉书·蔡邕传》。
② 《后汉书·蔡邕传》。
③ 《三国志·魏书·吕布传》及裴注。
④ 《三国志·魏书·吕布传》及裴注。

紧接着因为王允不赦董卓部曲，董卓部曲李傕、樊稠、李蒙等十几万众合围长安城，这个时候吕布显露了他性格的一角。

《英雄记》有曰：

> 郭汜在城北。布开城门，将兵就汜，言“且却兵，但身决胜负”。汜、布乃独共对战，布以矛刺中汜，汜后骑遂前救汜，汜、布遂各两罢。

洛阳城中当时以吕布为大将。“允以布为奋威将军，假节，仪比三司，进封温侯，共秉朝政”，他却率军出去与人“却兵，但身决胜负”，固然可以说豪气盖天勇武过人，却表明了他不以大局为念，只以斩将夺旗的偏将之行为能，全然是个江湖豪士的形象，浑然不像个大将所为。后洛阳城破，吕布与李傕、樊稠战城中，不胜，遂带数百骑以董卓头系马鞍，驻马青琐门外，招王允同走，《资治通鉴》曰王允以“朝廷幼少，恃我而已”，并要吕布转告关东诸侯“勤以国家为念”，遂不去死国。

吕布东出后，先去投了袁术，袁术拒而不纳，而后吕布的经历颇为不得志和曲折，据《三国志》记载：

> （吕布）先从张杨于河内。李傕等购求布急，布又逃归袁绍……绍与布击张燕于常山。燕精兵万余，骑数千。布有良马曰赤兔。常与其亲近成廉、魏越等陷锋突陈，遂破燕军。……绍患忌之。布觉其意，从绍求去。绍恐还为己害，遣壮士夜掩杀布，不获。事露，布走河内，与张杨合。绍令众追之，皆畏布，莫

敢逼近者。

而在裴注中又记载了这件事的详细经过：

> 《英雄记》曰：布自以有功于袁氏，轻傲绍下诸将，以为擅相署置，不足贵也。布求还洛，绍假布领司隶校尉。外言当遣，内欲杀布。明日当发，绍遣甲士三十人，辞以送布。布使止于帐侧，伪使人于帐中鼓筝。绍兵卧，布无何出帐去，而兵不觉。夜半兵起，乱斫布床被，谓为已死。明日，绍讯问，知布尚在，乃闭城门。布遂引去。

由此，可以知道，先是袁绍“患忌之”，而吕布因为袁绍手下的将领是“擅相署置，不足贵也”，所以“轻傲绍下诸将”，要按现在的说法，就是人际关系不好，骄傲自大，公关能力太差。其实这也怪他不得，因为当时袁绍的车骑将军是自己封的，不是朝廷下诏封的，而袁绍的手下的官是袁绍给的，所以当然比不上吕布由天子册封的“奋威将军，假节，仪比三司，进封温侯”来得名正言顺，说他们“擅相署置，不足贵也”不为过。不过，由此亦可见吕布自视颇高的个性，只是他的自高也有他的资格，在洛阳单挑伤郭汜，由在袁绍处破张燕时，“燕精兵万余，骑数千。布有良马曰赤兔。常与其亲近成廉、魏越等陷锋突阵，遂破燕军”，及“绍令众追之，皆畏布，莫敢逼近者”此两事，可以想见吕布的勇名之盛，所以人“皆畏布”，加上他的高官和杀董卓的大功，倒确实有他自傲的资格。

吕布到了张杨那里，还是不安全，因为李傕等人还是不放过他，干脆悬赏通缉他："杨及部曲诸将，皆受傕、汜购募，共图布。"吕布知道后，此时下出了一招颇为高明的棋。

他抓住了张杨性格上的弱点，"（张）杨性仁和，无威刑。下人谋反，发觉，对之涕泣，辄原不问"，对张杨说："布，卿州里也。卿杀布，于卿弱。不如卖布，可极得汜、傕爵宠。"张杨原本没什么主见，而且吕布说得也的确不错，于是便"外许汜、傕，内实保护布"，这样一来，"汜、傕患之，更下大封诏书，以布为颍川太守"①。由此吕布成功地解脱了来自朝廷的通缉，一举摆脱了他逃犯的身份。由此可见，在对局势和人物的分析上，吕布还是比较有见地的，说明他在丁原那里做主簿而丁原爱之，并不是没有道理的胡乱喜欢。

这个时候兖州的内乱，又给了吕布东山再起的机会，而内乱的原因却居然还是因为有吕布。

在吕布逃出袁绍那里投奔张杨的时候，他曾经过陈留太守张邈处，临别之际二人把手共誓。于是"绍闻之，大恨。邈畏太祖（曹操）终为绍击己也，心不自安"，到兴平元年(194)，曹操复征陶谦时，张邈在陈宫和其弟的煽动下起兵反曹：

> 邈弟超，与太祖将陈宫、从事中郎许汜、王楷共谋叛太祖。宫说邈曰："今雄杰并起，天下分崩，君以千里之众，当四战之地，抚剑顾眄，亦足以为人豪，而反制于人，不以鄙乎！今州军东征，其处空虚，吕布壮士，善战无前，若权迎之，共牧兖州，观

---

①《三国志·魏书·吕布传》及裴注。

吕布辕门射戟

天下形势，俟时事之变通，此亦纵横之一时也。”邈从之。太祖初使宫将兵留屯东郡，遂以其众东迎布为兖州牧，据濮阳。郡县皆应，唯鄄城、东阿、范为太祖守。①

陈宫劝张邈和吕布联合的原因是“吕布壮士，善战无前”，这又一次证明了吕布那令人畏惧的战斗力。

此后吕布和曹操几次交锋，终因敌不过被公认为是东汉时期杰出军事家的曹操，败出兖州，东奔刘备。偏生刘备是个时时要摆出一副君子相的人，并不喜欢吕布身上的江湖气息，

① 《三国志·魏书·吕布传》及裴注。

《英雄记》说：

> 布见备，甚敬之，谓备曰："我与卿同边地人也。布见关东起兵，欲诛董卓。布杀卓东出，关东诸将无安布者，皆欲杀布耳。"请备于帐中坐妇床上，令妇向拜，酌酒饮食，名备为弟。备见布语言无常，外然之而内不说。

就吕布来说，这个时候对刘备应该说是尊敬的，又与刘备同是北地人，再加在军中，没有什么私人场所，所以有"请备于帐中坐妇床上，令妇向拜，酌酒饮食"一举，只是在汉朝男女大防还是很讲究的，所以吕布在军帐中请刘备入后室，应该是表示亲密无间的意思，而此年刘备年纪当是三十四岁，吕布长刘备两岁，他称刘备为弟也不为过，哪知道刘备却不做如此想，大约是觉得吕布来投靠自己，却喊自己"弟"，又看不惯吕布命妻子"向拜，酌酒饮食"不合礼仪之举动，所以觉得吕布"语言无常"，因此"外然之而内不说"。

而后刘备和袁术为了抢徐州开始对峙，袁术在没有什么进展的无奈情况之下想起了吕布。

吕布这个时候正缺军粮，袁术于是书信一封，奉上了粮草及装备：

> 昔董卓作乱，破坏王室，祸害术门户，术举兵关东，未能屠裂卓。将军诛卓，送其头首，为术扫灭雠耻，使术明目于当世，死生不愧，其功一也。昔将金元休向兖州，甫诣封丘，为曹操逆所拒破，流离迸

玄德落荒奔青州

走，几至灭亡。将军破兖州，术复明目于遐迩，其功二也。术生年已来，不闻天下有刘备，备乃举兵与术对战；术凭将军威灵，得以破备，其功三也。将军有三大功在术，术虽不敏，奉以生死……今送米二十万斛，迎逢道路，非直此止，当络绎复致；若兵器战具，它所乏少，大小唯命。①

此时正好下邳内乱，又有人来请吕布入城：

备中郎将丹杨许耽夜遣司马章诳来诣布，言“张益德与下邳相曹豹共争，益德杀豹，城中大乱，不相

① 《英雄记》。

信。丹杨兵有千人屯西白门城内，闻将军来东，大小踊跃，如复更生。将军兵向城西门，丹杨军便开门内将军矣”。布遂夜进，晨到城下。天明，丹杨兵悉开门内布兵。布于门上坐，步骑放火，大破益德兵，获备妻子军资及部曲将吏士家口。[1]

《资治通鉴》又有“陶谦故将曹豹在下邳，张飞欲杀之。豹众坚营自守，使人招吕布。布取下邳，张飞败走”一说，因此可以说吕布占徐州一半是袁术的怂恿，一半是徐州兵将请吕布入城。而徐州兵将请吕布当自有其道理，至少是慕吕布之声名，非是无由之举，不然不会有“闻将军来东，大小踊跃，如复更生”之语。

在吕布占领了徐州后，刘备却陷入了困境。

备军在广陵，饥饿困踧，吏士大小自相啖食，穷饿侵逼，欲还小沛，遂使吏请降布。[2]

吕布这个时候并没有因为刘备失势而赶尽杀绝，相反的还是以刺史礼相待：

……具刺史车马童仆，发遣备妻子部曲家属于泗水上，祖道相乐。[3]

---

① 《三国志·魏书·吕布传》及裴注。
② 《三国志·蜀书·先主传》。
③ 《三国志·蜀书·先主传》。

他这样做，手下不是没有反对意见，《三国志·先主传》裴注曰：

诸将谓布曰："备数反覆难养，宜早图之。"布不听，以状语备。备心不安而求自托，使人说布，求屯小沛，布乃遣之。

从这里看，吕布还是颇有容人之量的，说他对刘备英雄相惜当不为过。他这个举动和孟德在许昌覆荫刘备的举动是一个性质，一个是要利用刘备抗衡袁术，一个是以天下英雄唯使君与操，都目刘备为英雄而相惜，都意图借助其力平定天下。后来脍炙人口的"辕门射戟"故事也可以说明这点，《三国志》记曰：

糜竺说吕布勿伤害刘备妻小

术遣将纪灵等步骑三万攻备，备求救于布。布诸将谓布曰：“将军常欲杀备，今可假手于术。”布曰：“不然。术若破备，则北连太山诸将，吾为在术围中，不得不救也。”便严步兵千、骑二百，驰往赴备。灵等闻布至，皆敛兵不敢复攻……布谓灵等曰：“玄德，布弟也。弟为诸君所困，故来救之。布性不喜合斗，但喜解斗耳。”布令门候于营门中举一只戟……布举弓射戟，正中小支。诸将皆惊，言“将军天威也！”明日复欢会，然后各罢。

这件事一表明了吕布还是很有军事见地的；二当然是他目刘备为豪杰要借助刘备，所以发军相助；三以步兵千、骑二百居然镇得袁术的三万人皆敛兵不敢复攻，只能说吕布的豪气和威名抵得几万兵将。而且这件事情颇具戏剧色彩，两军对阵之时，斜刺里突然杀出个吕布来，然后便开始在阵前你请我回地大宴，而尤其是“玄德，布弟也。弟为诸君所困，故来救之。布性不喜合斗，但喜解斗耳”一句，在我看来实在颇为可爱，袁术听了纪灵的汇报后应该是哭笑不得，不知道脸上是什么表情，实在是风趣得紧。只可惜刘备却不是这样的人，在吕布战败后，一句话便轻轻松松不露声色地送了吕布的命：

……遂生缚布，布曰：“缚太急，小缓之。”太祖曰：“缚虎不得不急也。”布请曰：“明公所患不过于布，今已服矣，天下不足忧。明公将布，令布将骑，则天下不足定也。”太祖有疑色。刘备进曰：“明公不见布之事丁建阳及董太师乎!”太祖颔之。布因指备曰:“是儿最叵信者。”①

比起刘备在白门楼上的这个举动，吕布实在是太没有政客所必需的不要脸、心狠手辣的素质了，也实在太直肚肠了一点，更像个江湖人士，所以才会愤然骂刘备“是儿最叵信者”。

另外，还有两事也可以说明吕布的器量。一是《资治通鉴》云:

备在豫州，举陈郡袁涣为茂才。涣为吕布所留，布欲使涣作书骂辱备，涣不可，再三强之。不许。布大怒，以兵胁涣曰:“为之则生，不为则死!”涣颜色不变，笑而应之曰:“涣闻唯德可以辱人，不闻以骂。使彼固君子邪，且不耻将军之言;彼诚小人邪，将复将军之意，则辱在此不在于彼。且涣他日之事刘将军，犹今日之事将军也，如一旦去此，复骂将军，可乎!”布惭而止。

吕布堂堂的一个封温侯、假节，仪比三司的奋威将军，听了书生袁涣的一席话，竟然会从大怒到不做掩饰地惭愧而止，可以想见他至少是个讲理而颇为直率的人，且颇有器量，非是通常那种一得势就飞扬跋扈的小人。

二是陈登为吕布使许昌:

---

① 《三国志·魏书·吕布传》。

> 始，布因登求徐州牧不得，登还，布怒，拔戟斫几曰："卿父劝吾协同曹操，绝婚公路；今吾所求无获，而卿父子并显重，但为卿所卖耳！"登不为动容，徐对之曰："登见曹公言：'养将军譬如养虎，当饱其肉，不饱则将噬人。'公曰：'不如卿言。譬如养鹰，饥即为用，饱则飏去。'其言如此。"布意乃解。①

从这里也可以看出吕布的胸襟容量，还说明此人是个直肚肠，动辄大怒，人言有理便意解，而他在这里对曹操的"譬如养鹰，饥即为用，饱则飏去"一番话应该也是颇心许之的。

到这里，又有可以说的问题了，既然说吕布"饥即为用，饱则飏去"，那吕布求"用"的目标是什么呢？

我们看看前面，在吕布杀董卓之后，《资治通鉴》上有一段记载：

> ……初，吕布劝王允尽杀董卓部曲，允曰："此辈无罪，不可。"布欲以卓财物班赐公卿、将校，允又不从。允素以剑客遇布，……（吕布）渐不相平……

吕布尽杀董卓部曲和以卓财物班赐公卿、将校的提案，应该说不无道理，表示了他想参与朝政的意念，只是王允"素以剑客遇布"，所以才会"又不从"，忽略不计吕布的意见。联系前面有"以王允录尚书事，吕布为奋威将军、假节、仪比三司，封温侯，共秉朝政"一节，可以想见，吕布的理想不仅仅

---

① 《资治通鉴》。

是做个天下无敌的勇将剑客而已，而是“共秉朝政”，因此他才会“渐不相平”。还有可以证明这个说法的就是他在白门楼已经是个阶下囚的时候，向曹操提出：“明公所患不过于布，今已服矣，天下不足忧。明公将布，令布将骑，则天下不足定也。”而曹操当时颇心动，书曰“太祖有疑色”[1]，其时吕布已是缚于阶下的亡虏，尚且说“明公将布，令布将骑，则天下不足定也”，直把自己和曹操置于平起平坐的位置，不经意中说出他欲为重臣做栋梁平定天下的理想，而且此又可见吕布睥睨群雄，不把天下诸侯放在眼里的傲气，而“……太祖有疑色”一说，又说明曹操至少也是有几分赞许他这个说法的。

其实吕布的为人，也有他的可取之处，所以还是颇得人心的。他战败后，手下大将高顺等不降，陈宫慨然求死，都说明他的得人心处；战败之际“布与麾下登白门楼。兵围之急，布令左右取其首诣操，左右不忍，乃下降”[2]，这“左右不忍”一句，也证明了吕布应该是颇得人心才对，不然何来不忍一说。从“布令左右取其首诣操”一句，又可以看见与演义上不一样的地方，就是吕布其实并不怕死，不然就先投降了再说，何必要左右取自己的首级去见曹操，他的“乃下降”，应该是还想有“明公将布，令布将骑，则天下不足定也”的想法才做如此举动的，其实这个也说明吕布对自己能力的自信，他相信曹操会需要他这样的豪杰来平定天下，所以在言辞间还是自有其豪气在的。但是在演义中直把吕布写成个贪生怕死的人，还特意杜撰安排了张辽骂吕布怕死一节，实在又是小说家们一个大大的曲笔。

---

① 《三国志·魏书·吕布传》。

② 《资治通鉴》。

再由这个说开去，吕布虽然想“天下不足定也”，可是他最多也只仅仅满足于一个“明公将布，令布将骑”的冲锋陷阵的大将和“共秉朝政”的重臣角色，可以说自始至终，并没有割地称王的野心，比之后来动辄称帝称王的那几位要好上许多，而他在徐州时也还是一直在谋求回朝从政的。

先时，“天子在河东，有手笔版书召布来迎”，因为“（吕）布军无畜积，不能自致”，所以吕布“遣使上书，朝廷以布为平东将军，封平陶侯”，哪知道“使人于山阳界亡失文字（封官的诏书和印绶）”，于是这个时候已经是司空的曹操“又手书厚加慰劳布，说起迎天子，当平定天下意，并诏书购捕公孙瓒、袁术、韩暹、杨奉等”，吕布知道后大喜，于是：

> 复遣使上书于天子曰：“臣本当迎大驾，知曹操忠孝，奉迎都许。臣前与操交兵，今操保傅陛下，臣为外将，欲以兵自随，恐有嫌疑，是以待罪徐州，进退未敢自宁。”答太祖曰：“布获罪之人，分为诛首，手命慰劳，厚见褒奖。重见购捕袁术等诏书，布当以命为效。”太祖更遣奉车都尉王则为使者，赍诏书，又封平东将军印绶来拜布。太祖又手书与布曰：“山阳屯送将军所失大封，国家无好金，孤自取家好金更相为作印，国家无紫绶，自取所带紫绶以籍心。将军所使不良。袁术称天子，将军止之，而使不通章。朝廷信将军，使复重上，以相明忠诚。”布乃遣登奉章谢恩，并以一好绶答太祖。[①]

---

① 《三国志·魏书·吕布传》及裴注。

这一段时期吕布和曹操的关系相当微妙，其中利害暂且不说，至少可以说明吕布很想堂堂正正地回朝做个天子脚下的阶下臣的，后来东海萧建为琅邪相，治莒城：

> 保城自守，不与布通。布与建书曰：天下举兵，本以诛董卓耳。布杀卓，来诣关东，欲求兵西迎大驾，光复洛京，诸将自还相攻，莫肯念国。布，五原人也，去徐州五千余里，乃在天西北角，今不来共争天东南之地。莒与下邳相去不远，宜当共通。君如自遂以为郡郡作帝，县县自王也！昔乐毅攻齐，呼吸下齐七十馀城，唯莒、即墨二城不下，所以然者，中有田单故也。布虽非乐毅，君亦非田单，可取布书与智者详共议之。①

尤其是后面“君如自遂以为郡郡作帝，县县自王也！昔乐毅攻齐……布虽非乐毅，君亦非田单”几句，和曹操的《让县明本志书》中的“设使国家无有孤，不知当几人称帝，几人称王”一句几有异曲同工之意；而“天下举兵，本以诛董卓耳。布杀卓，来诣关东，欲求兵西迎大驾，光复洛京，诸将自还相攻，莫肯念国”之说，诚为当时实情。前面的“天子在河东，有手笔版书召布来迎，布军无畜积，不能自致”，和他与曹操的战役中因为没有粮草而退兵两事，又互相印证了吕布的确是曾经想西迎汉帝而力所不能，这些都可以说明他的理想是做个汉朝的臣子，并无不臣之心。也许他对王允所说的“努力谢关

---

① 《三国志·魏书·吕布传》及裴注。

东诸公，勤以国家为念!”的嘱咐还没有忘怀。因此我说他比“郡郡作帝，县县自王”、“自还相攻，莫肯念国”之流的诸侯们好多了，从这个意义上说，吕布至少可算得是个大汉朝的“忠臣”。

从这些方面来看吕布，可以说吕布此人能文，且行文豪气不除，文字也可一观，从他给袁术和萧建书（吕布另几封书信文多不载，附录于后）中看，嬉笑言谈间自有其豪气在，而且对大局和人物亦有自己比较有见地的看法，这样的人，不能谓之无知；覆荫刘备和对袁涣事自可说明其有容人之量；他亦有其得人心处，是以高顺、陈宫慨然为之赴死，左右临危而不忍取其首诣曹操；临阵身先士卒，勇猛过人，勇名闻于天下，因此时人才有语曰：人中有吕布。

吕布背负女儿在阵中左冲右突

只可惜他有两大致命的性格上的弱点，一是他手下大将高顺说的“将军举动，不肯详思”，举动随意性太强；二是没有主见且不善断。

郭嘉说袁绍好谋寡断，而吕布既不好谋又不善断，他虽然知道高顺的忠言而不能用，陈宫有善谋而尚自犹豫当从不当从。作为一个诸侯没有这样的政治素质，反而更像个江湖豪士，不败亡就是天数了。因而诚如高顺所言：“凡破家亡国，非无忠臣明智者也，但患不见用耳。将军举动，不肯详思，辄喜言误，误不可数也。”又陈宫被俘后对曹操说：“但坐此人不从宫言，以至于此。若其见从，亦未必为禽也。”①

这二人的确说出了导致吕布败亡的致命伤。

惜乎，纵观吕布，当是能文善武，颇得人心，既有容人之雅量及见地，又无割地称王的野心之人，而他最后覆灭的悲剧，实在是源自于他自身弱点的一个性格悲剧，颇可为之一叹。又其一生行无大恶，譬如屠城坑卒、亲信小人、屈杀贤良、目无君上等常见于历史奸邪人物的罪名一个没有，甚至可以说连大过都没有，真要指责也许只可以指责他和董卓婢女私通这个事，其他诸如攻城略地之所为，是战争时期的必然产物，没有屠城坑卒，也不能指责为恶行。

最主要的一点，《三国演义》上借张飞之口说他是反复小人，“三姓家奴”，只不过真要是说起反复小人，恐怕他绝无资格与大耳公刘备先生比肩的。

大耳公刘备先生先是在公孙瓒手下，因为陶谦给了他四千兵他就弃公孙投陶谦，然后占了徐州，后来又投靠了吕布，再接着是反攻吕布转投曹操，而后又反攻曹操转投袁绍，再去投

---

① 《三国志·魏书·吕布传》及裴注。

张飞在衙门前挑战吕布

刘表，最后一次是他刚刚对孙权说完“你如果攻刘璋我就披发入山”，一转身就用刘璋给他的兵马围攻成都，搞得刘璋最后要在孙权的保护下才能安度余生。要这么算下来，刘备至少是“七姓家奴”，吕布连他的一半都及不上。因此如果比起刘备来，吕布的所作所为简直是小儿科，根本就连和刘备评比谁更“反复”的资格都没有，可是现在却因为一部《三国演义》，平白背上了一个“三姓家奴”的千古骂名，成为反复小人的代名词，小说家的刀笔不可谓不利。

附　录

《与韩暹、杨奉书》：二将军拔大驾来东，有元功于国，当书勋竹帛，万世不朽。今袁术造逆，当共诛讨，奈何与贼臣还共伐布？布有杀董卓之功，与二将军俱为功臣，可因今共击破术，建功于天下，此时不可失也。

《与袁术书》：足下恃军强盛，常言猛将武士，欲相吞灭，每抑止之耳！布虽无勇，虎步淮南，一时之间，足下鼠窜寿春，无出头者。猛将武士，为悉何在？足下喜为大言以诬天下，天下之人安可尽诬？古者兵交，使在其间，造策者非布先唱也。相去不远，可复相闻。

赵云不是五虎将

赵云，字子龙，常山真定（今河北元氏县西北）人。先从公孙瓒，时刘备亦在，与赵云深自结纳。公孙瓒为田楷击袁绍，派刘备出征，赵云为骑将，后因对公孙瓒失望托词兄丧，离去前与刘备曰："终不背德也。"

后刘备奔袁绍于邺与云相遇，随从至荆州，战博望，出长阪，迁为牙门将军，仅为一名护卫偏将，随刘备南定诸郡后，方升为偏将军，领桂阳太守，而关羽已是襄阳太守、荡寇将军，张飞也是宜都太守、征虏将军，后刘备入蜀，留赵云于荆州，领留营司马（相当于警备队长），专司内务，截江救阿斗就是在此时发生的。

随后由诸葛亮带赵云溯江而上，入平益州，赵云被封为翊军将军，翊，护也，还是一名护卫统领性质的将领。而当时留任荆州的关羽官拜前将军，假节钺，董督荆州事；马超为左将军，假节；张飞为右将军，假节；黄忠是后将军，关内侯；连魏延都已是汉中镇远将军、汉中太守，赵云与他们就官位而言，尚差一大截。

刘备称帝后，关羽已没；马超为骠骑将军、来乡侯、凉州牧；拜张飞车骑将军、西乡侯，领司隶校尉；黄忠已亡；魏延左迁镇北将军、都亭侯。次年，方升迁赵云为中护军、征南将军、永昌亭侯，后又迁任镇东将军，到了这个时候，赵云才与魏延平级。后一直未有升迁。倒是在孔明出祁山街亭失败时，赵云亲自断后，几路兵马中唯赵云一路未曾有损失，然而回军后也因此次战役失败，还被贬为镇军将军，后卒于任上。时魏延已是前军师、征西大将军，假节，南郑侯，所以赵云终其一生，其位不但始终不能与关、马、张、黄相提并论，连魏延都未能超过，自然也就不存在小说里那样的刘备拜他为五虎将一事了。

赵云单骑杀入魏军重围

糜夫人托阿斗于赵云

不过，就赵云而言，其能力与功绩与关、张、马、黄相比，一点也不逊色，甚而有过之，我分两方面来说。

一是功绩武略。

刘备在袁绍手下时，密遣赵云私下募得数百人，称刘左将军部曲，而“绍不能知”。行事周密之至。

后与夏侯惇战于博望坡，生擒其将夏侯兰，又禀刘备说夏侯兰明于法律，以为军正。史曰：“云不用自近，其慎虑类如此。”

长阪之役，刘备“弃妻子南走”，而“云身抱弱子，即后主也，保护甘夫人，即后主母也，皆得免难”。

又刘备入川，“以云严重，必能整齐，特任掌内事”，原因是“孙夫人以权妹骄豪，多将吴吏兵，纵横不法”，所以命赵云为留营司马，后来“夫人内欲将后主还吴，云与张飞勒兵截江，乃得后主还”。再救了一回阿斗，使其免了沦为人质的厄运。

在刘备与曹操争汉中时，赵云与黄忠劫粮，黄忠过期不回，据《三国志·赵云传》记载：

> 将数十骑轻行出围，迎视忠等，值曹公扬兵大出，云为公前锋所击，方战，其大众至，势逼，遂前突其阵，且斗且欲却。公军败，已复合，云陷敌，还趣围。将张著被创，云复驰马还营迎著。公军追至围，此时沔阳长张翼在云围内，翼欲闭门拒守，而云入营，更大开门，偃旗息鼓。公军疑云有伏兵，引去。云擂鼓震天，唯以戎弩于后射公军，公军惊骇，自相蹂践，堕汉水中死者甚多。先主明旦自来至云营围视昨战处，曰：“子龙一身都是胆也。”作乐饮宴至暝，军中号云为“虎威将军”。

而街亭之役后，诸葛亮问邓芝：“街亭军退，兵将不复相录，箕谷军退，兵将初不相失，何故？”邓芝说：“云身自断后，军资什物，略无所弃，兵将无缘相失。”

从以上几事，可见赵云一身是胆，武功计谋，不亚于关羽等人，只是无缘统军征战而已。

第二是他的为人及思维堪称先公后私，敏于时事，而且甚为周密。

在荆州刘备平南方诸郡时，赵云镇守一方：

赵云匹马单枪立于营门之外

从平江南，以为偏将军，领桂阳太守，代赵范。寡嫂曰樊氏，有国色，范欲以配云。云辞曰："相与同姓，卿兄犹我兄。"因辞不许。时有人劝云纳之，云曰："范迫降耳，心未可测；天下女不少。"遂不取。范果逃走，云无纤介。①

后来定益州，益州既定，时议欲以成都中屋舍及城外围地桑田分赐诸将。云谏之曰：

霍去病以匈奴未灭，无用家为，今国贼非但匈奴，未可求

① 《三国志·蜀书·赵云传》。

赵云破八门金锁阵

安也。须天下都定，各反桑梓，归耕本土，乃其宜耳。益州人民，初罹兵革，田宅皆可归还，令安居复业，然后可役调，得其欢心。①

先主即从之。

关羽身死后，刘备大怒，整军东下，赵云谏曰：

“国贼是曹操，非孙权也，且先灭魏，则吴自服。操身虽毙，子丕篡盗，当因众心，早图关中，居河、渭上流以讨凶逆，关东义士必裹粮策马以迎王师。不应置魏，先与吴战；兵势一交，不得卒解也。”先主

① 《三国志·蜀书·赵云传》。

不听，遂东征，留云督江州。先主失利于秭归，云进兵至永安，吴军已退。[①]

而街亭之败后，因赵云所部是唯一全身而退的，诸葛亮要把军资余绢分赐将士，赵云说："军事无利，何为有赐？其物请悉入赤岸府库，须十月为冬赐。"诸葛亮因此大善之。

正因为如此，陈寿将赵云与关、张、马、黄共列为一传，是为《关张马黄赵传》，罗贯中在写《三国演义》时也把赵云加工夸张为五虎上将，以此彰显赵云的武功及品德，但其实都是相当公平和得人心的。

---

① 《三国志·蜀书·赵云传》。

周公瑾与汉末战乱之局

周瑜，字公瑾，庐江舒人。是三国时辅佐孙伯符、孙仲谋安定江东之功臣，东吴的第一谋士及军事家。他一生的最高军事成就乃是指挥了发生于公元208年的赤壁之战。此次战役的结果是全盘粉碎了曹孟德南下进而统一中夏的战略意图。此战公瑾以五万江南健儿大破曹操的二十余万北军，是中国历史上以少胜多的经典战例。当然，近日有另一种说法说赤壁之战是一场遭遇战，不过这也是一家之言，尚在商榷之列，即使真的是一场遭遇战，周公瑾也还是以少胜多，击破了曹孟德的南下计划。

据《三国志》记载，刘备以左将军，领荆州牧，治公安，备诣京见权。瑜上疏曰：

> 刘备以枭雄之姿，而有关羽、张飞熊虎之将，必非久屈为人用者。愚谓大计，宜徙备置吴，盛为筑宫室，多其美女玩好，以娱其耳目。分此二人，各置一方，使如瑜者，得挟与攻战，大事可定也。今猥割土

> 地，以资业之，聚此三人，俱在疆场，恐蛟龙得云雨，终非池中物也。

时刘璋为益州牧，外有张鲁寇侵。瑜乃诣京见权曰：

> 今曹操新折衄，方忧在腹心，未能与将军连兵相事也。乞与奋威俱进取蜀，得蜀而并张鲁，因留奋威固守其地，好与马超结援。瑜还与将军，据襄阳以蹙操，北方可图也……

赤壁之役，十分明显地显示了汉末军事家和谋士们，在“论帝王之秘策、揽倚伏之要最”一道上以及研究行军用兵之道方面所达到的高明程度。鲁子敬是名士，诸葛孔明是名士，孙策令文中给他的评价，及其与蒋干的对话，蒋干对他的品题，都可证明周公瑾也是个名士。

在曹操南下荆州的时候，张子布等以畏敌的心理，提出三大难题：第一，曹挟天子以征四方，拒之于义不顺。意同沮授之谏袁绍，说明荀文若迎汉帝都许之策，在当时一般人的头脑中，可以起一定作用。第二，曹得荆州，长江之险，已与我共之。第三，众寡不敌。从地形兵力，据事实立论，颇不易驳斥。周公瑾首先提出：操非汉相，而是汉贼，驳倒第一道难题。以北军不习水战，虽得刘表战船与长江之险，却不能利用，破其第二道难题。以“十五六万疲病之卒，御七八万狐疑之众”，兵虽多不足畏，破其第三道难题。再进而指出对方的短处：一是关西未定，不能旷日持久，与我相持。二是天寒，马无草。三是北军不服水土，必生疾病。孙子所谓“智者之虑，必杂于利害”，“知彼知己，百战不殆”。周公瑾确实做到了这一点。

孙子说：“朝气锐，昼气惰，暮气归。”《司马法》：“新气胜旧气。”周公瑾正是有一股朝气或新气。曹孟德在不战而得荆州之后，则是一股惰气杂以骄气。而张子布辈则是头巾气未除，加上一股暮气。故闻“水步八十万”之虚声恫吓，便自茫然无措，从表面现象来立论。而周公瑾在强敌之假象前，神志不为之摇，剖析敌情，入木三分。进驻夏口，先占地利。心细如发，气壮如山。孙伯符谓之“英俊异才”，刘玄德叹为“文武筹略，万人之英”，洵不虚也。

以“枭雄”目刘备，以“熊虎”目关、张，品题恰到好处。而“徙备置吴”，娱以“宫室”“美女”，拆开关、张，“挟与攻战”之计，老谋深算，何等可畏。程仲德辈，何曾想到这一层，只是劝曹孟德动刀耳！人之高下，计之长短，其相去又岂可以道里计哉！

“蛟龙得云雨，终非池中物”，此绝妙谈辞，又五言佳句也。公瑾平生精于音乐，又安知其不能诗耶？

一方大败之后，内部必不能稳定，尤其是以力服人者，此固另一方进取之机也。“取蜀并张鲁，进据襄阳以蹙操”，制敌机先，规模弘选，与孔明隆中之策，大半不谋而合。惜乎后继者不能承用其方略。孙仲谋与曹孟德角力于合肥濡须之间，自守而已，无进取之志矣。

曹、孙、刘赤壁之战（208），乃中古史上一大事。曹胜则汉末二十年分裂之局，可复归统一。以曹孟德之明智，在众多从汉末遗留下来的、有高度学术及操行修养的名士们的辅佐之下，可能做成比较像样的统一事业。孙、刘胜，则三国鼎立之形势以成，战祸再延长七十年，民力物力，消耗殆尽。尤其糟糕的是，由于分裂的时间长达九十年，人事推移，新陈代谢，一些在汉末分裂之初，饱经忧患，具有非凡才能的政略家、战略家全数死光，政权却落到一些袭祖父馀荫的纨绔子弟手里。由他们中间的一个，摘下了烂熟的统一之果，是为西晋王朝。西晋的君不像君，臣不像臣，无经国之远谟，无防患之预备，一味埋头陶醉于腐化享乐之中，终于弄到骨肉相残、萧墙祸起。在阶级矛盾及种族矛盾的激化下，不到二十年，又使中夏陷于血泊之中，导致三百年南北分裂之局。这一代价，真是太大了。

秦末自陈涉首难，至项王乌江之败，才八年，天下复归一统。新莽之季，自新市、平林兵起，至公孙述败死，凡十五年，天下复归一统。隋末自李密起兵，到刘黑闼之败，才八年，天下复归一统。元末自方国珍起兵，至徐达入大都，凡二十年，天下复归一统。大起义后，群雄角逐之最后获胜者，其君臣之才智，必较杰出。他们在广泛而频繁的斗智斗力中，不断丰富了政军两方面的经验。他们对前朝的弊政，直接或间接尝过味道。这就能在一定程度上，了解民间的疾苦，从而采取相应的措施。加上分裂的时间短，有不少前朝遗留下来的人才，可资利用（分裂的时间愈短，则可资利用的人愈多）。这在政治的沿袭和制度的变革方面，便不致中断或走错路。两汉唐明四朝之所以立国悠久，文治武功，炳耀史册，统一全国的过程短，由角逐优胜者，亲自在政军两方面，为新朝奠定巩固的基础，是一大原因。而西晋则否。且其政权之由来，是乃祖乃父靠阴谋手段取得（不少名士，被牵入政治旋涡，死在他们的屠刀之下），其政治道德，较之曹孟德，尚差一大截。悖入悖出，原不足怪。所可痛惜者，带累中夏之民，无辜遭池鱼之殃耳！

论诸葛孔明、魏文长子午谷之谋及魏文长之死

说孔明还是先从《隆中对》说起。

孔明之《隆中对》，第一次展示了其辅佐王霸之业的才华。其中先从将谋、地势、兵力和人才、民心各方面入手，阐明了以玄德之力，实不可与孟德、仲谋争锋。是以建策取荆益为第一步，第二步乃俟“天下有变”，命“一上将将荆州之军，以向宛洛”，“率益州之众，以出秦川”，“则霸业可成”。这一步乃为主要手段及目的。此后孙仲谋、吕子明以一州之蝇头小利，袭杀关羽，葬送了其半，刘玄德于孟德身殁之后，曹子桓以魏代汉之时，若能乘此“天下有变”之机，北出秦川，则中原汉之遗臣旧属必可收心，子桓虽文才称雄，兵革之事不及玄德久经沙场，非玄德、孔明、益德之流敌手。竟不乘此绝佳天时北上，而不忿关羽之小失，弃北伐大计霸业于不顾，倾其全力东下与仲谋角力于夷陵，又惨败于陆议手中，至此孔明《隆中对》中的建策丧失殆尽。

玄德东下之时，赵子龙曾劝其曰：

国贼是曹操，非孙权也，且先灭魏，则吴自服。操身虽毙，子丕篡盗，当因众心，早图关中，居河、渭上流以讨凶逆，关东义士必裹粮策马以迎王师。不应置魏，先与吴战；兵势一交，不得卒解也。①

此诚为明智之言，而孔明不可使玄德行之，唯叹曰："法孝直若在，则能制主上令不东行；就复东行，必不倾危矣。"若单以诸葛公此言而论，设使孔明随行，与陆伯言之胜负亦未可定。此固玄德之所以不能成大业，而孔明庙堂之重臣，朝廷之股肱，不能阻之，亦不得言无过矣。

诸葛公诚为治国之能臣，事必躬亲，谨小慎微，然非决战千里之帅也。首出祁山，以街亭之败诛马谡，蜀国小才少，而以己见不听玄德临终遗言用马谡，又复斩之，实非国家之福，大家之所为也。(《三国志·蜀书》：建兴六年，亮出军向祁山，时有宿将魏延、吴壹等，论者皆言以为宜令为先锋，而亮违众拔谡，统大众在前，与魏将张郃战于街亭，为郃所破，士卒离散。亮进无所据，退军还汉中。又：先主临薨谓亮曰："马谡言过其实，不可大用，君其察之！"亮犹谓不然，以谡为参军，每引见谈论，自昼达夜。）若以忠君而论，可谓背主。观其五出祁山，小敌可逐而破之，遇大敌则难竟非常之功，五伐皆败，陈寿言孔明"盖应变将略，非其所长欤"，信矣。

魏文长之于蜀，实为不亚于关云长、张益德之大将，窃试以论之。

玄德入川，欲据蜀之咽喉——汉中拒孟德，而"当得重将

① 《三国志·蜀书·赵云传》。

以镇汉川”，当时“众论以为必在张飞，飞亦以心自许”。先主乃拔延为督汉中镇远将军，领汉中太守，一军尽惊。先主大会群臣，问延曰：“今委卿以重任，卿居之欲云何?”延对曰：“若曹操举天下而来，请为大王拒之；偏将十万之众至，请为大王吞之。”先主称善，众咸壮其言。果然汉中固若金汤。此证一也。而驰骋沙场，可称善战，大破曹魏重将，“八年，使延西入羌中，魏后将军费瑶、雍州刺史郭淮与延战于阳溪，延大破淮等”，郭伯济号称“方策精详，垂问秦、雍”而败于魏延，此再证也。以治军而论，“延既善养士卒，勇猛过人”，高出张益德“刑杀既过差，又日鞭挞健儿”的作风一筹，与关云长之“善待卒伍”同，此又证矣。魏文长统大军身当一面，克敌斩将，治军有方而勇猛过人，不输关、张也。

而魏文长出子午谷之谋，“请兵万人，与亮异道会于潼关，如韩信故事”，与孔明“出秦川”之计正合，料敌审己，以夏侯琳膏粱子弟，仗清河公主升督长安，可以必克，胜算尽握，与淮阴侯会高祖于潼关相仿佛，时夏侯琳远不及楚之守将，若果行之，“则一举而咸阳以西可定”。此时赵子龙、马岱、吴壹等宿将尚在，关西胡羌因马氏之善而引之，此势与秦出咸阳、汉占关中相当，确可固而图关东也。而孔明以此为危计，竟欲“安从坦道，平取陇右”，实为笑谈耳。舍敌之咽喉取无关痛痒处，击之不死又打草惊蛇，至司马仲达都统关西后，关中遂再不可图矣！“延常谓亮为怯，叹恨己才用之不尽”。吾亦为之叹矣！设使不胜，唯丧万人而已，而孔明前后兵败，又岂止丧万人哉！蜀国小力薄，大军决战，军力财力人力均不如魏，“安从坦道”，非决胜之法也。魏文长出淮阴之谋，而勇猛过于淮阴，有如此上将奇谋诸葛不能用，违先主遗命而用庸才，惜乎！

魏文长之死，亦一大冤案。时魏文长乃前军师，征西大将军，假节，领汉中太守，封南郑侯，而诸葛是以丞相录尚书事，假节，领司隶校尉，封武乡侯，只比魏文长高一级。杨仪任丞相长史，相当于现在一个秘书，孔明身死之时，作此安排："亮病困，密与长史杨仪、司马费祎、护军姜维等作身殁之后退军节度，令延断后，姜维次之；若延或不从命，军使自发。"文长曰："丞相虽亡，吾自见在。府亲官属便可将丧还葬，吾自当率诸军击贼……"此话以官阶而言不为错，以公私而论，因孔明一人身死，便退已发之大军，弃北伐大业，可谓以私废公，"云何以一人死废天下之事邪？"孔明死乃一人事，伐魏为天下事，此言可谓义正词严，错从何来！而孔明竟然安排"若延或不从命，军使自发"，何其量小邪！而时论："原延意不北降魏而南还者，但欲除杀仪等。平日诸将素不同，冀时论必当以代亮。本指如此，不便背叛。"魏文长死固祸起于争权，然孔明亦难辞其咎，说魏延为诸葛公逼反者亦不为过。而"后主以问侍中董允、留府长史蒋琬，琬、允咸保仪疑延"，则一帮文人亦害人不浅！琬、允之流，吟书颂经诚为上才，决战沙场，焉能与魏延争一日之长短乎？竟定夺生死。杨仪者，小人也："……仪为先主尚书，琬为尚郎，后虽俱为丞相参军长史，仪每从行，当其劳剧，自为年宦先琬，才能逾之，于是怨愤形于声色，叹咤之音发于五内。时人畏其言语不节，莫敢从也，唯后军师费祎往慰省之，仪对祎恨望，前后云云，又语祎曰：'往者丞相亡没之际，吾若举军以就魏氏，处世宁当落度如此邪！令人追悔不可复及。'祎密表其言。十三年，废仪为民，徙汉嘉郡。仪至徙所，复上书诽谤，辞指激切，遂下郡收仪。仪自杀，其妻子还蜀。”此人倒真是一唯利是图之叛徒人选！观其“往者丞相亡没之际，吾若举军以就魏氏，处世宁当落度如此邪！令人追悔不可复及”之言，比诸于魏文长“延意不北降魏而南还者，但欲除杀仪等。平日诸将素不同，冀时论必当以代亮。本指如此，不便背叛”，孰叛孰是，岂非明乎哉！

诸葛公有如此之将非但生前不能用，于身后又不举以自代，反以杨仪之流的小人从而制之，忠贞谋国者，何忍出此谋！而其人申韩之气又极重，导致蜀汉小朝廷此后满朝鸦雀无声之局面，孔明当负首责。始皇之焚书也，尚知保留《秦纪》。诸葛公之治蜀，乃并史官而省之，然不能禁其史实真相之泄露于外也。孙休时，薛羽为“五官中郎将，遣到蜀求马。及还，

孔明遗计诛魏延

休问蜀政得失，对曰：主暗而不知其过，臣下容身以求免罪。入其朝不闻正言，经其野民皆菜色。臣闻燕雀处堂，子母相乐，自以为安也。突决栋焚，而燕雀怡然，不知祸之将及。其是之谓乎！”申韩之术，诸葛公讲之精，行之果。驯至可以言语诖误推问人（杨敏是也），可以言语诖误放逐人（廖立是也），可以言语诖误杀人（彭漾是也）。令行禁止，莫敢予违，可谓快意肆志矣（与法孝直相当），而其末流，乃落到智士箝口而不敢言（向郎是也），万民怨毒入于骨髓的地步（野民皆菜色）。一旦外敌猝至，遂土崩瓦解以亡。此虽“势所必至”，又岂其始料所及哉？昔人论管仲，以为器小，诸葛孔明一生亦以堪比管乐而自诩，然于“器小”一节亦甚为酷肖欤！

导致天下三分的罪魁祸首贾诩

东汉末年，宦官当政，天下大乱，民不聊生。大将军何进谋诛阉宦不成反为所害，而何进所召的并州牧董卓（还兼有前将军、斄乡侯的官职和封号）已经在进军洛阳的途中，同时董卓受何进密令又上书曰：“中常侍张让等窃幸乘宠，浊乱海内。昔赵鞅兴晋阳之甲，以逐君侧之恶。臣辄鸣钟鼓如洛阳，即讨让等。”欲以胁迫太后诛宦官，但董卓未至而何进已死。当时洛阳大乱，袁术、袁绍兄弟于是率军攻击皇宫，中常侍段珪等劫帝走小平津，董卓遂率其部众于北芒迎汉帝还宫。

之后董卓当权暴虐不仁，又为吕布、王允等人设计诛杀。可惜王允为人过于刚直，当时犯了一个策略上的错误，就是没有马上赦免董卓那一大批手握兵权的部下，董卓部下校尉李傕、郭汜、张济等拥兵屯于陕，在一段时间后还没有听到赦免的消息，又接着有谣传说洛阳中人要诛灭所有凉州的董卓所部官吏，因此大家都一片惶恐不安，众人纷纷准备解甲逃亡，在这个时候，贾诩粉墨登场了。

贾诩字文和，武威姑臧人。少时并不出名，唯有汉阳阎忠异之，谓贾诩有张良、陈平之奇。阎忠也是一代名士，而且可以说颇有政治远见。他是少数几个明白东汉皇朝已经病入膏肓不可救药的人之一，曾经劝说名将车骑将军皇甫嵩起兵推翻东汉皇朝，皇甫嵩不从，忠乃亡去。后《英雄记》有曰："凉州贼王国等起兵，共劫忠为主，统三十六部，号车骑将军，忠感慨发病而死。"

贾诩初时察孝廉为郎，因疾病辞官，西还至汧，道上遇见氐人（游牧民族），和同行的数十人皆为他们所抓，贾诩便骗他们说："我段公外甥也，汝别埋我，我家必厚赎之。"当时的太尉段颎，因为久为镇边大将，所以威震西土，因此他便假称是段颎的外甥吓唬氐人，氐人果然不敢害他，还与他盟誓后送他回去，其余的人却都遇害了。史称贾诩此举是"权以济事，咸此类也"，这个"权"字，用得颇为妥帖，因为贾诩的确是这样一个人。

就在董卓所部的李傕、郭汜、张济等人打算散伙的时候，贾诩阻止了他们。他的理由是："闻长安中议欲尽诛凉州人，而诸君弃众单行，即一亭长能束君矣。不如率众而西，所在收兵，以攻长安，为董公报仇，幸而事济，奉国家以征天下，若不济，走未后也。"他这么做，是因为他也是董卓所部的官吏，记载说"董卓之入洛阳，诩以太尉掾为平津都尉，迁讨虏校尉。卓婿中郎将牛辅屯陕，诩在辅军，卓败，辅又死"，所以他此举也是为自己这个手无缚鸡之力的书生打算，因为李、郭等人本就是马贼及军人出身，未必是一个亭长可以捉拿的。

他此举的直接后果，是导致李、郭等人"遂将其众而西，所在收兵，比至长安，众十余万……与卓故部曲樊稠、李蒙、王方等合围长安城。十日城陷，与布战城中，布败走。傕等放兵劫掠长安老少，杀之悉尽，死者狼藉。诛杀卓者，尸王允于市……傕、汜入长安城，屯南宫掖门，杀太仆鲁馗、大鸿胪周奂、城门校尉崔烈、越骑校尉王颀。吏民死者不可胜数”。汉献帝被李、郭等所挟，而关东豪杰乘动乱之机自此开始了大规模的攻城掠地行为，以壮大自己的势力。在此以前，各地诸侯还不敢太明目张胆地进行此类举动。正是贾诩的这个建议，使东汉天下陷入了空前的混乱状态。

此后，关中又因为李、郭等人的争权夺利，伤亡巨大，极大地破坏了当时黄河中下游地区的生产力和社会发展。《三国志》云：

> 时三辅民尚数十万户（指李、郭入洛阳前），傕等放兵劫略，攻剽城邑，人民饥困，二年间相啖食略尽。又有云：“天子入洛阳，宫室烧尽，街陌荒芜，百官披荆棘，依丘墙间。州郡各拥兵自卫，莫有至者。饥穷稍甚，尚书郎以下，自出樵采，或饥死墙壁间。”

李、郭等四人对关中荼毒之烈，追本溯源实出自于贾诩这一言之谋，故而裴松之在给《三国志》作注的时候评论：

> 臣松之以为传称“仁人之言，其利溥哉”！然则不仁之言，理必反是。夫仁功难著，而乱源易成，是故有祸机一发而殃流百世者矣。当是时，元恶既枭，天地始开，致使厉阶重结，大梗殷流，邦国遘殄悴之

哀，黎民婴周馀之酷，岂不由贾诩片言乎？诩之罪也，一何大哉！自古兆乱，未有如此之甚。

看当时的情况，王允为人正直有干才，朝中尚有皇甫嵩、朱俊等名将，关中精兵数万，而宦官已除，即使不能复振汉朝，一时安定还是可以的，所以裴松之有“元恶既枭，天地始开”一说。因此就这样的情形而言，说贾诩这一言导致“邦国遘殄悴之哀，黎民婴周馀之酷”不为过，而“诩之罪也，一何大哉！自古兆乱，未有如此之甚”这个评价也是很中肯的。

正是因为这次动乱，汉中央政府的政令开始不行天下，天子和朝廷威信全无，再无崛起之可能：

乘舆时居棘篱中，门户无关闭。天子与群臣会，兵士伏篱上观，互相镇压以为笑。诸将专权，或擅笞杀尚书。司隶校尉出入，民兵抵掷之。诸将或遣婢诣省阁，或自赍酒啖，过天子饮，侍中不通，喧呼骂詈，遂不能止。又竟表拜诸营壁民为部曲，求其礼遗。医师、走卒，皆为校尉，御史刻印不供，乃以锥画，示有文字，或不时得也。诸将不能相率，上下乱。[①]

至此，可以说汉中央政府的地位和威望彻底瓦解，甚至献帝在回洛阳的时候，“州郡各拥兵自卫，莫有至者”，各地诸侯已经根本不再把皇帝和中央政府当回事了。

这样的情况，一直到雄才大略的曹操采纳曹魏重臣荀彧的建议，抢先下手，把献帝迎回许昌，挟天子以令诸侯后才得以

① 《三国志 · 魏书 · 董卓传》。

有所改变。二十余年后，曹操之子曹丕终于以魏代汉，结束了东汉皇朝，开始了三足鼎立的三国时代。

自贾诩设计让李、郭进军洛阳开始算起，一直到三国归晋，期间的战乱长达九十余年之久。在这九十多年的战争里，两汉皇朝所积累的资本，包括宝贵的人才资源，全部消耗殆尽，包括在东汉末年分裂之初成长起来深知民间疾苦以及当时政治经济矛盾，又具有极高才干的政治家、战略家、军事家们基本荡然无存，而政权最后落在了一些全靠祖上余荫掌权的纨绔子弟和只知道清谈的文人手里。他们在门第优越感的支持下，只知道埋头享乐或陶醉于清谈之中，同时由孙权肇基的门阀现象又极度发展，最后终于导致全国的阶级、种族、经济等各方面矛盾不断激化。因此三国统一后还不到二十年，中原地区再次陷于血泊之中，由“八王之乱”至晋室东迁，北方游牧民族大举入侵，其结果就是产生中国历史上最黑暗、血腥的一页——“五胡乱华”。

而这“五胡乱华”三百年的动乱和血腥，可以说导火线仅仅就是因为贾诩的一句话。

杨修之死的原由探考

杨修，字德祖，弘农华阴（今陕西华阴东）人，出生于公元175年，死于公元219年，卒时方四十四岁。

杨氏家世为汉名门，祖先杨喜，汉高祖时有功，封赤泉侯。高祖杨震、曾祖杨秉、祖杨赐、父杨彪四世历任司空、司徒、太尉三公之位，与东汉末年的袁氏世家并驾齐驱，声名显赫。

《后汉书》说："自震至彪，四世太尉，德业相继，与袁氏俱为东京名族云。"而杨氏一门家学亦颇有渊源，《后汉书》记载杨震父宝，"习《欧阳尚书》。哀、平之世，隐居教授"。而杨震"少好学，受《欧阳尚书》于太常桓郁，明经博览，无不穷究。诸儒为之语曰'关西孔子杨伯起'。常客居于湖，不答州郡礼命数十年……"震子杨秉"字叔节，少传父业，兼明《京氏易》，博通书传，常隐居教授……桓帝即位，以明《尚书》征入劝讲……"秉子杨赐"少传家学，笃志博闻。常退居隐约，教授门徒……建宁初，灵帝当受学，诏太傅、三公选通《尚书》桓君章句宿有重名者，三公举赐，乃侍讲于华光殿中……”赐子杨彪“少传家学……熹平中，以博习旧闻，公东征拜议郎……”是以杨氏一门，于东汉末年中的才学声名，几与孔氏世家并驾，而官爵显赫犹有过之。

杨修因为家学渊源而人又聪慧，所以当时颇有令名。（注：时常见有人将《世说新语》中“杨修九岁，甚聪慧。孔君平诣其父，不在。杨修时为君平设有果杨梅，君平以示修：此实君家果。应声答曰：未闻孔雀是夫子家禽也”一则中的杨修误为此杨修，实则非也。《启颜录》之记载明言此杨修为“晋杨修”，而孔君平也是晋人，事颇明，是以两个杨修非是一人。）建安中举孝廉，除郎中，又任丞相府主簿。《三国志》云：“是时，军国多事，修总知外内，事皆称意。”后来于建安二十四年（219）秋被曹操处死（杨修墓现在华山脚下的河湾村附近，今仅存墓碑一通，立于村西南魏长城遗址上）。杨修死后约三个月曹操亦亡故。

《三国演义》小说中写杨修死亡是因为“恃才放旷”，又遭曹操忌才，所以在征汉中的时候为曹操借口“鸡肋”一事被杀。其实不然，历史上的杨修并没有死于汉中，而且杨修的死更多的是由于政治上的原因，并不仅仅是因为他所拥有的才华。

首先，我们来说说杨修死于何处以及曹操有没有在汉中因为“鸡肋”一事而杀他的问题。所谓“鸡肋”一事的确有，事见于《三国志》和《后汉书·杨震传》中的杨彪、杨修附传，意同而言辞稍异。《后汉书》中的全文如下：

修字德祖，好学，有俊才，为丞相曹操主簿，用事曹氏。及操自平汉中，欲因讨刘备而不得进，欲守之又难为功，护军不知进止何依。操于是出教，唯曰“鸡肋”而已。外曹莫能晓，修独曰：“夫鸡肋，食之则无所得，弃之则如可惜，公归计决矣。”乃令外白稍严，操于此回师。修之几决，多有此类。修又尝出行，筹操有问外事，乃逆为答记，敕守舍儿：“若有令出，依次通之。”既而果然。如是者三，操怪其速，使廉之，知状，于此忌修。且以袁术之甥，虑为后患，遂因事杀之。修所著赋、颂、碑、赞、诗、哀辞、表、记、书凡十五篇。

张松诵《新书》反难杨修

文中并没有说曹操因为“鸡肋”一事而杀杨修，尤其是后面有“修之几决，多有此类”一句，说明这件事只是举个例子而已，说杨修的死，也只说“因事杀之”，则这个“事”可以是很多“事”，不见得就是“鸡肋”一事。又按《三国志·魏书·曹植传》中裴注云：

至二十四年秋，公以修前后漏泄言教，交关诸侯，乃收杀之。……修死后百余日而太祖薨。

则明确地说杨修是死于建安二十四年秋，再查《三国志·武帝纪》得知曹操于建安二十四年的活动如下：

二十四年春正月，仁屠宛，斩音。夏侯渊与刘备战于阳平，为备所杀。三月，王自长安出斜谷，军遮要以临汉中，遂至阳平。备因险拒守。夏五月，引军还长安。秋七月，以夫人卞氏为王后。遣于禁助曹仁击关羽。八月，汉水溢，灌禁军，军没，羽获禁，遂围仁。使徐晃救之。九月，相国钟繇坐西曹掾魏讽反免。冬十月，军还洛阳。孙权遣使上书，以讨关羽自效。王自洛阳南征羽，未至，晃攻羽，破之，羽走，仁围解。王军摩陂。二十五年春正月，至洛阳。权击斩羽，传其首。庚子，王崩于洛阳，年六十六。

按此处记载，曹操在三月进军汉中，“夏五月”已经回长安，八九月间自洛阳南下救曹仁，至摩陂时关羽已破，于是在冬十月回军洛阳，此后未再复至汉中。杨修既然是死于二十四年秋，而他死后百余日曹操亡故，按曹操死于二十五年正月庚子日，因此杨修应该大约死于曹操救曹仁的建安二十四年九月中到十月间，至迟不会超过“冬十月”之后，所以杨修不当是因为“鸡肋”一事而死于汉中。又因为在杨修死后，曹操曾经给杨彪写过一封信表示哀悼：

> 操自与足下同海内大义，足下不遗，以贤子见辅。比中国虽靖，方外未夷，今军征事大，百姓骚扰。吾制钟鼓之音，主簿宜守，而足下贤子，恃豪父之势，每不与我同怀。即欲直绳，顾颇恨恨。谓其能改，遂转宽舒。复即宥贷，将延足下尊门大累，便令刑之。念卿父息之情，同此悼楚，亦未必非幸也。谨赠足下锦裘二领，八节银角桃杖一枝，青毡床褥三具，官绢五百匹，钱六十万，画轮四望通幰七香车一乘，青牛孛牛二头，八百里骅骝马一匹，赤戎金装鞍辔十副，铃苞一具，驱使二人，并遗足下贵室错彩罗縠裘一领。织成骅一量，有心青衣二人，长奉左右。所奉虽薄，以表吾意。足下便当慨然承纳，不致往返。①

书中有“今军征事大，百姓骚扰。吾制钟鼓之音，主簿宜守”一句，表明杨修是死于军事，因此我们可以肯定杨修是死于曹操讨关羽的军事之中。

杨修死的罪名现在已经不得而知，但是他的死因比较复

① 《与太尉杨彪书》。

杂，而最主要的原因，还是因为政治上的两大因素。

第一，杨修犯了古代皇室权力之争中的大忌，参与了夺嫡之争。

第二，杨彪、杨修本人的身份及政治观念与曹魏政权的利益有冲突，杨彪夫人是袁术的女儿，杨修是袁术的外甥，而在政治观念上杨彪和杨修又都与孔融及祢衡等清议复古派是一路，所以又因此见忌。

杨修在初任丞相主簿时，应该说还是比较为曹操所信任的，《三国志·魏书·曹植传》云："修年二十五，以名公子有才能，为太祖所器"，又有"是时，军国多事，修总知外内，事皆称意。自魏太子已下，并争与交好"。

观这两段，说明两个问题：第一，杨修才华出众，所以才会为曹操任以"总知外内"的主簿一职，而且"事皆称意"，这样说来，曹操在这个时候应该是对他比较看重而且是信任的，不然，不会把这个职位交给他。

第二，由"自魏太子已下，并争与交好"一句可见，当时连魏太子曹丕也要巴结他，而其中的"并"、"争"二字，又说明有很多人在巴结他，非是太子一人，可以想见他当时地位之重要。反过来说，这个又可以证明杨修这个时候应该是深得曹操信任和倚重的府吏，而且两人关系比较密切，不然无由出现"自魏太子已下，并争与交好"的情况。

在当时，曹操对曹丕和曹植两人由谁来做太子继承魏王一事是颇为犹豫的。

曹植字子建，才华横溢，是我国历史上著名的文学家。虽然曹丕文亦可观，但是就文学才华来说，偏长于书札，于诗赋上的造诣比之乃弟曹植还是颇有距离的，所以作为本身就文采极好的东汉时期集军事家、政治家、诗人等诸多名号于一身的曹操，也许开始在心里更倾向于曹植一点。

曹操此人身上本来就颇具诗人狂放不羁的气质，裴松之注引《曹瞒传》曰：

> 太祖为人佻易无威重，好音乐，倡优在侧，常以日达夕。被服轻绡，身自佩小鞶囊，以盛手巾细物，时或冠帢帽以见宾客。每与人谈论，戏弄言诵，尽无所隐，及欢悦大笑，至以头没杯案中，肴膳皆沾污巾帻，其轻易如此。

而曹植颇有乃父之风，《曹植传》说他“性简易，不治威仪。舆马服饰，不尚华丽”，又说他自小就善于作文，“年十岁馀，诵读诗、论及辞赋数十万言，善属文。太祖尝视其文，谓植曰：‘汝倩人邪？’植跪曰：‘言出为论，下笔成章，顾当面试，奈何倩人？’时邺铜爵台新城，太祖悉将诸子登台，使各为赋。植援笔立成，可观，太祖甚异之”。每进见难问，应声而对，所以曹操对他“特见宠爱”。

本传记载“（曹）植既以才见异，而丁仪、丁廙、杨修等为之羽翼。太祖狐疑，几为太子者数矣”。也就是说，好几次曹植就差点做了太子，这其中作为曹植智囊集团中坚的丁仪、丁廙、杨修等人起了不小的作用，只是丁仪、丁廙兄弟与曹丕本就有私怨，事件的起因是因为曹操有感于丁仪父亲劝自己迎汉献帝的功德，便想把女儿嫁给丁仪，结果曹丕劝阻说丁仪的眼睛不好而事止，因此丁仪没有娶到魏公主，所以丁氏兄弟便怀恨在心开始大力支持曹植夺嫡[1]。杨修作为曹操身边的亲信，当然必定是曹植和曹丕相比，的争夺对象了。曹植作为一个名闻天下的才子，或许更对杨修的胃口，而曹植这个时候“特见宠爱”又兼主动示好，杨修遂顺水推舟加入曹植一方参与了这次残酷的夺嫡之争[2]。

曹植和曹丕相比，虽然在文学才华上是曹植占优，在政治

---

① 《三国志·魏书·曹植传》裴注：丁仪字正礼，沛郡人也。父冲，宿与太祖亲善，时随乘舆。见国家未定，乃与太祖书曰：“足下平生常喟然有匡佐之志，今其时矣。”是时张杨适还河内，太祖得其书，乃引军迎天子东诣许，以冲为司隶校尉。后数来过诸将饮，酒美不能止，醉烂肠死。太祖以冲前见开导，常德之。闻仪为令士，虽未见，欲以爱女妻之，以问五官将。五官将曰：“女人观貌，而正礼目不便，诚恐爱女未必悦也。以为不如与伏波子楙。”太祖从之。寻辟仪为掾，到与论议，嘉其才朗，曰：“丁掾，好士也，即使其两目盲，尚当与女，何况但眇？是吾儿误我。”时仪亦恨不得尚公主，而与临菑侯亲善，数称其奇才。太祖既有意欲立植，而仪又共赞之。及太子立，欲治仪罪，转仪为右刺奸掾，欲仪自裁而仪不能。乃对中领军夏侯尚叩头求哀，尚为涕泣而不能救。后遂因职事收付狱，杀之。廙字敬礼，仪之弟也。文士传曰：廙少有才姿，博学洽闻。初辟公府，建安中为黄门侍郎。廙尝从容谓太祖曰：“临菑侯天性仁孝，发于自然，而聪明智达，其殆庶几。至于博学渊识，文章绝伦。当今天下之贤才君子，不问少长，皆原从其游而为之死，实天所以钟福于大魏，而永授无穷之祚也。”欲以劝动太祖。太祖答曰：“植，吾爱之，安能若卿言！吾欲立之为嗣，何如？”廙曰：“此国家之所以兴衰，天下之所以存亡，非愚劣琐贱者所敢与及。廙闻知臣莫若于君，知子莫若于父。至于君不论明暗，父不问贤愚，而能常知其臣子者何？盖由相知非一事一物，相尽非一旦一夕。况明公加之以圣哲，习之以人子。今发明达之命，吐永安之言，可谓上应天命，下合人心，得之于须臾，垂之于万世者也。廙不避斧钺之诛，敢不尽言！”太祖深纳之。

② 《三国志·魏书·曹植传》裴注：又是时临菑侯植以才捷爱幸，来意投修，数与修书，书曰：“数日不见，思子为劳；想同之也。仆少好词赋，……其言之不怍，恃惠子之知我也。明早相迎，书不尽怀。”修答曰：“不侍数日，若弥年载，岂独爱顾之隆，使系仰之情深邪！损辱来命，蔚矣其文。诵读反覆，虽风、雅、颂，不复过也。……辄受所惠，窃备矇瞍诵歌而已。敢忘惠施，以忝庄氏！季绪琐琐，何足以云。”其相往来，如此甚数。

曹丕忌才害曹植

和军事才能上应该说曹丕要胜一筹。而且两人身边智囊集团的构成也不一样，曹丕的智囊是司马懿、陈群、吴质、朱铄，《晋书》云这四人在曹丕身边号称“四友”。这四人中，司马懿、陈群的政治才能以及谋略应该说公认是汉魏谋士和大臣中的上上之选；吴质心计深沉，文才也佳；朱铄事无记载，不过他的官位是中领军，相当于现在的政委一职，应该也不会是个好相与的角色。而曹植的智囊清一色的是文士，没有什么政治和军事经验，远不如司马懿、陈群、吴质之流老谋深算，这样在斗争中自然就差了一截。《三国志·魏书·曹植传》裴注中就有号称“有才策”的杨修和当时仅是内朝歌长的吴质在斗智中败下阵去的记载，而且还因此直接导致了曹操对曹植为人的怀疑：

修年二十五，以名公子有才能，为太祖所器，与丁仪兄弟，皆欲以植为嗣。太子患之，以车载废簏，内朝歌长吴质与谋。修以白太祖，未及推验。太子惧，告质，质曰：“何患？明日复以簏受绢车内以惑之，修必复重白，重白必推，而无验，则彼受罪矣。”世子从之，修果白，而无人，太祖由是疑焉。

兵法有云，知己知彼，百战不殆。吴质可谓知己知彼矣，杨修空负才名，可惜不及吴质的老谋深算，所思所行被其料中，因而反被暗算了一把，还连带了主子曹植受疑，真是有苦说不出。此后，曹丕因为曹植的文采极好，自己实在不是他的对手，心里颇为着急，以至于“怅然自失”，吴质又一次逆转了形势，致使曹操再次对曹植有了看法：

魏王尝出征，世子及临菑侯植并送路侧。植称述功德，发言有章，左右属目，王亦悦焉。世子怅然自失，吴质耳曰：“王当行，流涕可也。”及辞，世子泣而拜，王及左右咸歔欷，于是皆以植辞多华，而诚心不及也。①

如解曹操在新建的园门中加“活”字为嫌阔，曹操写“一合酥”解为一人一口酥，解蔡邕题邯郸淳撰的曹娥碑“黄绢幼

① 见《三国志·魏书·王卫二刘傅传》所附“吴质别传”。

妇，外孙齑臼”八字为“绝妙好辤（辞）”等[1]，都只能说明杨修的聪慧，然而只能说是小聪明，说过点甚至可以说只是猜文字谜的功夫好，并没有见他与丁氏兄弟在政治和军事上有什么建树可言。吴质可谓善解人意，这个功夫比之杨修的解字谜功夫要实用多了。

曹丕于是就这样在“四友”的策划下，于夺嫡的争斗中逐渐占了上风。同时他又适时地展开了公关攻势，塑造自己的形象，“文帝御之以术，矫情自饰，（曹操）宫人左右，并为之说”[2]，同时拉拢曹操手下的谋士重臣贾诩等人，再加上曹植身上诗人的狂放风格经常发作，“植任性而行，不自雕励，饮酒不节”[3]，曹植开始逐渐失宠。这个时候又出了一件大事，就是曹植在魏国的都城邺城奔驰于弛道中。弛道，是曹操作为魏王的专用道路，曹植这样做，可以说已经以魏王自居了，所以曹操大怒，结果是“公车令坐死。由是重诸侯

---

① 《世说新语》：杨德祖为魏公主簿，时作相国门，始构榱桷，魏武自出看，使人题门作“活”字，便去。杨见，即令坏之。既竟，曰：“‘门’中‘活’，‘阔’字，王正嫌门大也。”……人饷魏武一杯酪，魏武啖少许，盖头上提“合”字以示众，众莫能解。次至杨修，修便啖，曰：“公教人啖一口也，复何疑？”……魏武尝过曹娥碑下，杨修从。碑背上见题作“黄绢幼妇，外孙齑臼”八字，魏武谓修曰：“卿解不？”答曰：“解。”魏武曰：“卿未可言，待我思之。”行三十里，魏武乃曰：“吾已得。”令修别记所知。修曰：“黄绢，色丝也，于字为‘绝’；幼妇，少女也，于字为‘妙’；外孙，女子也，于字为‘好’；齑臼，受辛也，于字为‘辤（辞）’；所谓‘绝妙好辤（辞）’也。”魏武亦记之，与修同，乃叹曰：“我才不及卿，乃觉三十里。”

② 《三国志·魏书·曹植传》。

③ 《三国志·魏书·曹植传》。

科禁，而植宠日衰”①。

曹丕最后能做太子，其中起了最重要作用的便是曹操谋士贾诩的一句话，《三国志·魏书·贾诩传》：

> 是时，文帝为五官将，而临菑侯植才名方盛，各有党羽，有夺宗之议。文帝使人问诩自固之术，诩曰：“愿将军恢崇德度，躬素士之业，朝夕孜孜，不违子道。如此而已。”文帝从之，深自砥砺。太祖又尝屏除左右问诩，诩嘿然不对。太祖曰：“与卿言而不答，何也？”诩曰：“属适有所思，故不即对耳。”太祖曰：“何思？”诩曰：“思袁本初、刘景升父子也。”太祖大笑，于是太子遂定。

由此我们可以知道，曹操虽然有诗人气质，但首先是个政治家，贾诩让他看到了那个时代在立嗣问题上废长立幼的利弊和前车之鉴。

对于他来说，他死后维持政权的安定和长久才是第一位的，其他所有一切都可以让路，包括自己个人的好恶。而郭嘉、荀彧等人对他的评价中就有“善断”一说。所以

---

① 《三国志·魏书·曹植传》：二十二年，增置邑五千，并前万户。植尝乘车行驰道中，开司马门出。太祖大怒，公车令坐死。由是重诸侯科禁，而植宠日衰。［裴注：魏武故事载令曰：“始者谓子建，儿中最可定大事。”又令曰：“自临菑侯植私出，开司马门至金门，令吾异目视此儿矣。”又令曰：“诸侯长史及帐下吏，知吾出辄将诸侯行意否？从子建私开司马门来，吾都不复信诸侯也。恐吾适出，便复私出，故摄将行。不可恒使吾（尔）谁为心腹也！”］

他马上做出了决断，于建安二十二年（217），立曹丕为魏太子。

杨修在曹植失宠后，曾经有意疏远曹植，但是因为曹植毕竟是曹操的儿子，所以不敢过于明显，还是保持了一定的来往密度。从这点也可以看出他是比较缺乏政治上的应变能力的①。

然而曹操在处理完了立嗣的问题后，马上从政治角度出发，考虑到了曹植和曹丕争嗣的后果不能小看，因为两人周围都有一群谋士，而曹操是深知谋士的力量的，所以终于在建安二十四年秋，在救曹仁的军中估计是将杨修随便安了个什么罪名就斩首了。《三国志》是这样说的："太祖既虑终始之变，以杨修颇有才策，而又袁氏之甥也，于是以罪诛修。"

这里，首先说了"终始之变"，再加上杨修"有才策"，又是"袁氏之甥"，所以杀了他。可见杨修除了因为参与了夺嫡之争被杀以外，还有两个原因就是"有才策"和"袁氏之甥"。

不过单是有才策，是不会被曹操杀头的。曹操手下，谋士能臣犹如过江之鲫不可胜数，奇变横生的贾诩，深通兵法和政治的荀彧、荀攸叔侄，有胆有谋的程昱等，这些人军事和政治上的能力远过于杨修，却没有一个因为有才而遭曹操忌杀的。单是"袁氏之甥"也不会被杀，像庞德在马超手下就已经具勇名，他的亲哥哥又在刘备手下为官，曹操一样用

---

① 《三国志·魏书·曹植传》：植后以骄纵见疏，而植故连缀修不止，修亦不敢自绝。

他和曹仁一起对付关羽[1]。可见就算杨修有才，又是袁术的外甥，也不至于被杀。这第二个原因，其实是因为杨修和曹操等人的政治观点不同，所以才遭忌。曹操给杨彪的关于杨修之死的信中，更是很明显地暗示了这点："吾制钟鼓之音，主簿宜守，而足下贤子，恃豪父之势，每不与我同怀。"

杨修的父亲杨彪，是个正统的儒学家，曹操则是个不拘小节的改革派。在建安元年（196），曹操迎汉献帝都许昌的时候，杨彪是尚书令，也就是相当于丞相的角色，就已经对曹操有所看法。"建安元年，从东都许。时天子新迁，大会公卿，兖州刺史曹操上殿，见彪色不悦，恐于此图之，未得宴设，托疾如厕，因出还营"，又"（建安）四年，复拜太常，十年免。十一年，诸以恩泽为侯者皆夺封。彪见汉祚将终，遂称脚挛不复行，积十年"[2]。

据《三国志》记载，建安十八年（213）五月丙申，天子使御史大夫郗虑持节策命曹操为魏公，二十一年（216）夏五月才进为魏王，而此云"（建安）十一年，……彪见汉祚将终，遂称脚挛不复行，积十年"，则可见杨彪并不仅仅是因为"见

---

① 《三国志・魏书・庞德传》：庞德字令明，南安狟道人也。少为郡吏州从事。初平中，从马腾击反羌叛氐。数有功，稍迁至校尉。建安中，太祖讨袁谭、尚于黎阳，谭遣郭援、高幹等略取河东，太祖使钟繇率关中诸将讨之。德随腾子超拒援、幹于平阳，德为军锋，进攻援、幹，大破之，亲斩援首。后张白骑叛于弘农，德复随腾征之，破白骑于两殽间。每战，常陷阵却敌，勇冠腾军。后腾征为卫尉，德留属超。太祖破超于渭南，德随超亡入汉阳，保冀城。后复随超奔汉中，从张鲁。太祖定汉中，德随众降。太祖素闻其骁勇，拜立义将军，封关门亭侯，邑三百户。侯音、卫开等以宛叛，德将所领与曹仁共攻拔宛，斩音、开，遂南屯樊，讨关羽。

② 《后汉书・杨震传》。

汉祚将终”才这样的。其中原因是就是因为建安元年（196）的时候，曹操觐见天子而“彪色不悦”。

曹操紧接着就以建安二年（197）袁术僭号天子的事情株连杨彪，理由是杨彪夫人是袁术的女儿，意图除去这个政敌。

这个时候，另一个与曹操在政治上始终是对立，又与杨彪交好的大臣孔融听说了，连朝服也来不及穿就来曹操处说：“杨公四世清德，海内所瞻。《周书》‘父子兄弟，罪不相及’，况以袁氏归罪杨公。《易》称‘积善余庆’，徒欺人耳。”曹操辩解道：“此国家之意。”孔融当即说：“假使成王欲杀召公，则周公可得言不知邪？”又继续要挟曹操“今横杀无辜，则海内观听，谁不解体！孔融鲁国男子，明日便当褰衣而去，不复朝矣。”曹操这个时候在朝中的根基还没站稳，羽翼尚未丰满，还要借助孔融等名士来收买人心，于是不得已“遂理出彪”。

但孔融此人，也是一个长于清谈的狂放之士，几次在曹操推行新令的时候和曹操过不去，又冷嘲热讽。

当时因为战乱频起，天又灾荒，民不聊生，所以曹操下令禁酒以节粮，孔融就去书讽刺曹操说：“天有酒旗之星，地列酒泉之郡，人有旨酒之德，故尧不饮千钟，无以成其圣。且桀纣以色亡国，今令不禁婚姻也。”

御史大夫郗虑知道这个事情后，便“免融官”，哪知道他“虽居家失势，而宾客日满其门”，还常叹曰“坐上客常满，樽中酒不空，吾无忧矣”；曹操破袁绍后，曹丕娶绍子袁熙的夫人甄氏为妻，他又调侃道：“武王伐纣，以妲己赐周公。”曹操因为孔融博学，还以为是书传所记，就问孔融出处，孔融就说，“以今度之，想其当然耳!”[①] 所以孔融终于被曹操找个借口杀了。和他最相得的祢衡，也因为看不起曹操，被放逐到刘表那里，结果也不讨刘表喜欢，被刘表部将黄祖一刀杀了。祢衡在评论许昌众人的时候，说“大儿孔文举，小儿杨德祖”，也就是说只看得起这二人，其他人不足道。而孔融推崇刘备更过于曹操，他们对曹操以及曹魏的重臣如荀彧、陈群、司马朗等是很看不起的[②]，因此可以说处处与曹魏政权作对，可惜又没

---

① 《三国志·魏书·崔毛徐何邢鲍司马传》孔融附录：是时天下草创，曹、袁之权未分，融所建明，不识时务。又天性气爽，颇推平生之意，狎侮太祖。太祖制酒禁，而融书嘲之曰：“天有酒旗之星，地列酒泉之郡，人有旨酒之德，故尧不饮千钟，无以成其圣。且桀纣以色亡国，今令不禁婚姻也。”太祖外虽宽容，而内不能平。御史大夫郗虑知旨，以法免融官。岁馀，拜太中大夫。虽居家失势，而宾客日满其门，爱才乐酒，常叹曰：“坐上客常满，樽中酒不空，吾无忧矣。”虎贲士有貌似蔡邕者，融每酒酣，辄引与同坐，曰：“虽无老成人，尚有典刑。”其好士如此。《续汉书》曰：太尉杨彪与袁术婚姻，术僭号，太祖与彪有隙，因是执彪，将杀焉。融闻之，不及朝服，往见太祖曰：“杨公累世清德，四叶重光，《周书》‘父子兄弟，罪不相及’，况以袁氏之罪乎？《易》称‘积善馀庆’，但欺人耳。”太祖曰：“国家之意也。”融曰：“假使成王欲杀召公，则周公可得言不知邪？今天下缨緌搢绅之士所以瞻仰明公者，以明公聪明仁智，辅相汉朝，举直措枉，致之雍熙耳。今横杀无辜，则海内观听，谁不解体？孔融鲁国男子，明日便当褰衣而去，不复朝矣。”太祖意解，遂理出彪。魏氏春秋曰：袁绍之败也，融与太祖书曰：“武王伐纣，以妲己赐周公。”太祖以融学博，谓书传所纪。后见，问之，对曰：“以今度之，想其当然耳!”十三年，融对孙权使，有讪谤之言，坐弃市。……融有高名清才，世多哀之。太祖惧远近之议也，乃令曰：“太中大夫孔融既伏其罪矣，然世人多采其虚名，少于核实，见融浮艳，好作变异，眩其诳诈，不复察其乱俗也。此州人说平原祢衡受传融论，以为父母与人无亲，譬若缻器，寄盛其中，又言若遭饥馑，而父不肖，宁赡活馀人。融违天反道，败伦乱理，虽肆市朝，犹恨其晚。更以此事列上，宣示诸军将校掾属，皆使闻见。”

② 《艺文类聚》卷二十二：典略曰：祢衡，建安初，自荆州北游许都，书一刺怀之，漫灭而无所遇，或问之曰：何不从陈长文、司马伯达乎？衡曰：卿欲使我从屠沽儿辈耶。又问曰：当今复谁可者？衡曰：大儿孔文举，小儿杨德祖。又问荀令君赵荡寇，皆足盖世乎？衡见荀有容仪，赵有腹，乃答曰：文若可借面吊丧，稚长可使监厨请客，其意以为荀但有貌，赵健啖肉也。

有政治和军事上可以对抗的能力和实力，因此只好在口头上占些便宜，最终被曹操一个个地斩除了。所以杨修之死的第二个原因，是他隶属于曹操对立面的政治阵营，并非仅仅是因为有才与身为袁术的外甥才死的。

说到此处，杨修的死因也基本上说完了，我们再来说说前面说过的有关杨修的两则故事。

一个是关于解蔡邕题邯郸淳撰的曹娥碑“黄绢幼妇，外孙齑臼”事。

查此事出于刘义庆的《世说新语》，原文有“魏武尝过曹娥碑下，杨修从。碑背上见题作‘黄绢幼妇，外孙齑臼’八字，魏武谓修曰：‘卿解不?’答曰：‘解’”几句。《后汉书·曹娥传》记载：“元嘉元年县长度尚，改葬娥于江南道旁，为立碑。”考曹娥碑碑文有“上虞县令度尚字博平、弟子邯郸淳字子礼撰”的字样。上虞，县名，秦始皇二十五年（前 222）置，古隶会稽郡。所以这个碑是在会稽，又据清光绪《上虞县志》载“曹娥庙在十都曹娥江西岸，旧在江东，属上虞，后以风潮啮坏，移置今处，隶会稽”，所以这个碑是在现在的绍兴上虞。曹操一生没有过江南，可以很明确地推断这个事情纯粹是虚构的。或许罗贯中也发现了这个问题，所以在他的《三国演义》里将这个事情演化为是曹操过蓝田的蔡文姬家里，看见了碑文的拓本，以此来掩盖这个明显的纰漏，也算是用心良苦。另外说句题外话，曹娥碑现在尚存，我曾经去看过，不过汉元嘉元年（151）上虞县长度尚立的碑早已散失。后来在东晋升平二年（358），王羲之也曾经到庙书曹娥碑，文字由新安吴茂先镌刻。此碑绢本手迹现存辽宁博物馆，上有梁代徐僧权、满骞、怀充等人题名，还有韩愈、宋高宗等人题款。而现存的曹娥碑系在宋元祐八年（1093）由王安石女婿蔡卞重书的。此碑高2.3米，宽1米，为行楷体，笔力遒劲，流畅爽利，在我国书法史上有较高的地位，由于已历千年，所以可称是弥足珍贵。

第二个是关于杨修解曹操的“一合酥”为“一人一口酥”的问题。我因为受一位任职于中学的好友之托作此文，所以发现在现行的初中课文《杨修之死》中有“操自写‘一盒酥’三字于盒上，置于案头”一句。在这里，这个“盒”我认为应该是“合”字。因为按照《汉书·律历志》“十合为升，十升为斗”，则这里的“一合”，应该是个计量单位，而不是我们现在通常意义上的“一包”或者“一盒子”的意思；又，《古汉语常用字字典》中注：“合”又读gě，容量单位；再查《说文解字》中只收有“合”字，并无“盒”字，而《说文解字》是由许慎（约公元54—149）编纂的，因此在东汉的时候应该还没有这个“盒”字；而且，古人写字是竖写的，如果是“盒”字就应该念成“一人一口皿酥”，这样就解释不通了，只有是“合”才可以说得通；所以“盒”字的产生可能是由后人取“皿”字的储物之意与“合”字的其中一个字义结合衍生而来的。或许作为课文的编者只考虑了用字的规范性而没有考虑到当时根本就没有“盒”这个字，因此用了“盒”字。但是，作为一个历史故事，我觉得还是要尊重历史上文字的用法，而且以现在的用法，是不能合理地解释这个故事的，所以还是用“合”字，然后在后面加个注解解释一下比较好，不然，难免有误导之嫌。

武林高手曹丕及武术杂谈

近日偶得闲暇，信手翻书，翻至《三国志》中的魏文帝纪，见裴注中有引魏文帝《典论》之自叙一节，读之甚有趣味，不意文帝于文士固为一时之雄，因“三曹”的文学成就似要高于建安七子，而于剑术及弓马亦是个中高手，私下度之，或可当之为三国时武林中的一流高手亦未可知。

三国曹氏一族，生于东汉动乱末世，于弓马武学一道均颇有研习。曹孟德少时“尝私入中常侍张让室，让觉之；乃舞手戟于庭，踰垣而出”。书称其“才武绝人，莫之能害”。后来讨董时成皋兵败，东下扬州募兵，兵叛，而“夜烧太祖帐，太祖手剑杀数十人，余皆披靡”。假想当时情景，夜黑风高火光熊熊之中，孟德以一人之力仗佩剑夜战群叛，所向无敌，接连斩杀数十人，“余皆披靡”，的确可算得上是“才武绝人，莫之能害”，想来定然剑法不差，称为高手当不为过。而曹氏诸人中武功最强者似乎要算曹仁，《三国志》载吴大将周瑜围江陵，“数万众来攻，前锋数千人始至”，时曹仁为征南将军，先遣骁将牛金以三百骑挑战，寡不敌众，“遂为所围”，左右失色，而曹仁意气风发，命左右牵马来，“矫（长史陈矫）等共援持之。谓仁曰：‘贼众盛，不可当也。假使弃数百人何苦，而将军以身赴之！’而‘仁不应’，遂带数十骑披挂上阵，出城。去贼百余步，迫沟”，当时陈矫等还以为“仁当住沟上，为金形势也”，那知道曹仁“径渡沟直前，冲入贼围”，而后救出牛金等一部分部下，然而还有部分兵士被围在东吴军的阵中，曹仁见了，又“复直还突之，拔出金兵”，仅仅“亡其数人”，于是“贼众乃退”。此次战斗，曹仁先以三百人抗数千之众，被围，竟然自己带区区几十人去营救被围的三百人，而且两进两出，非但将被围的三百人尚存者全数救出，居然还将东吴数千之众杀得不敢进攻而撤退，可见他武艺之高及胆识过人。

曹丕生于中平四年（187），他在《典论》的自叙中说，汉初平初年，年仅五岁，曹操便开始教他射箭，“六岁而知射，又教余骑马，八岁而知骑射矣”。十岁的时候，跟随曹操南征张绣，张绣降而复叛，曹操贴身侍卫猛将典韦战死，长子曹昂及侄子曹安民双双阵亡。而曹丕“乘马得脱”，以十岁的年龄，从乱军中得脱，或许有被人看作小孩而轻视放过的可能，但也不能不说是他自己的骑射功夫起了作用。曹丕因此感慨曰：“夫文武之道，各随时而用。”

大约是因为这次从乱阵中逃生的经历，曹丕“是以少好弓马，于今不衰；逐禽辄十里，驰射常百步，日多体健，心每不厌”。一方面是以世家子弟为游猎之趣，另一方面恐怕也是为了自卫而经常修炼。常年的练习和实战使得他对射箭一道颇有心得，在曹操破袁绍获冀州后，各地进贡名马良弓庆贺，他与曹真在邺城试用打猎，一日猎获“獐鹿九，雉兔三十”。对当时的情景，作为文人的曹丕曾有几句精彩描写：“濊、貊贡良弓，燕、代献名马。时岁之暮春，勾芒司节，和风扇物，弓燥手柔，草浅兽肥，与族兄子丹猎于邺西。”这一番景象着实是令人悠然神往，遥想当年，正是“岁之暮春，勾芒司节”，两个鲜衣怒马的青年才俊，在阳光明媚、轻风拂面的野外，乘燕代名马，持濊貊良弓，“弓燥手柔”，于浅草间飞驰，逐肥兽肥而骑射，是何等的风姿及意境。

曹丕于射箭一道的见解，也是高出常人一筹。曹操的头号幕僚荀彧前来征曲蠡的军中犒军，和曹丕谈起射箭一道，曾夸曹丕道“闻君善左右射，此实难能”，而曹丕不以为然，说“执事未睹夫项发口纵，俯马蹄而仰月支也”。这已经是到了要求射者不用思考，便可以随时在马上的任意角度张弓射箭的地步了，而且不单单要求技术的熟练，还有了美的要求。

荀彧似乎还有些不信，笑道“乃尔”，意思是说到了这个地步了啊！曹丕便接着道：“埒有常径，的有常所，虽每发辄中，

非至妙也。若驰平原，赴丰草，要狡兽，截轻禽，使弓不虚弯，所中必洞，斯则妙矣。”他所说的大意是，山坡经常走过的地方就有了路，而弓箭在训练中练得久了自然会命中目标，但这样的话，即使每发必中，也不算至妙。那要怎么样呢？要骑在马上奔驰的时候，进入草很密的地方，迎头拦击狡猾的野兽，横截轻灵的飞禽起飞的路线，而使得箭不虚发，要攻击的目标必定被命中，这样才可以说是至妙了。

他这一番话，已经是将兵法化入了武技中，要求事先估计预测对方要经过的路线而加以攻击，以求一击必中。不单是看见目标瞄准、射击这么机械简单，而是要有准确快速的预测判断和极其快速熟练的技巧综合起来才可以做到。

所以当曹丕说完这些话的时候，当时在场的另一名曹操的幕僚军祭酒张京，看着荀彧拊掌说："善。"当然，不排除这两人是拍曹操嗣子的马屁，不过以荀文若的性格和为人来看，只怕倒还不至于，这个张京倒是不知道是何许人也，那就不得而知是不是拍马屁了。只是曹丕的这一番话说得的确有他的道理和见解，是以旁人叫声好倒是当之无愧。

曹丕是个多才多艺的人，其实他的射箭并非是他最好的武艺，我觉得最好的当数他的剑法。曹丕五岁起习骑射，剑法也是从小学起，至于是什么时候学的，就不得而知了。他在叙说当时的剑术名家的时候，说："余又学击剑，阅师多矣，四方之法各异，唯京师为善。桓、灵之间，有虎贲王越善斯术，称于京师。河南史阿，言昔与越游，具得其法。"前面那一句说他"阅师多矣"，所以觉得"四方之法各异，唯京师为善"，他的这个说法有些失之偏颇，主观自大了一点，可能是想吹嘘一下自己的师承是最好的。不过由于历朝的京师重地，基本上都是能人荟萃的地方，所以京师能人较多倒是正常的。后面那句，他既是在《典论》这本属于官修的文集里说起这件事，那这个说法应该是当时公认的说法，不然未免会被人笑话，即在桓、灵年间，王越这个人的剑法是在京师一带称雄的，史阿的剑法又是和王越一起游学的时候向王越学习的，并“具得其法”。

而曹丕本人的剑法便是师从史阿，而且“学之精熟”，他有一次在和平虏将军刘勋、奋威将军邓展等一批武将们喝酒论武的时候，大家讨论起剑法来，其中的奋威将军邓展，一向号称“善有手臂，晓五兵”，即擅长拳脚功夫，又精通各种兵器，而且可以“空手入白刃”（或许是我孤陋寡闻，这个是我所看见历史上最早的“空手入白刃”的说法，不知道后来的武侠小说中的那门“空手入白刃”的功夫是不是从这里发挥而来的）。曹丕与他谈论良久，说道“将军法非也，余顾尝好之，又得善术”，这么一说，邓展自然是不服气，于是要求和曹丕比剑。

当时大家正是喝酒喝得酒酣耳热的时候，曹丕可能也想证明一下自己的剑技和理论，便欣然应承，和邓展以酒席上所食的甘蔗为剑，双双下场比试。这个场面想来也可算得是一场剑舞以助酒兴，自然比起鸿门宴上的那场剑舞少了些杀气，大约也就像现在的武侠小说里写的“久闻阁下高明，今日咱们切磋切磋”的场面和气氛吧。

到了场中，两人几次交锋下来，曹丕接连三次击中邓展的手臂，席上观战的众将纷纷大笑，这一来，邓展的脸上可就挂不住了，又不是很服气，便要求曹丕改换攻击目标再来一次，曹丕说我的剑法很快，所以不太容易进攻中宫，因此只能攻击你的手臂，而邓展则坚持要求再比一次。于是，二人再次交手，结果曹丕击中了他的脸，顿时观战诸将于“坐中惊视”。

曹丕在还座以后笑着对邓展说：“昔阳庆使淳于意去其故方，更授以秘术，今余亦愿邓将军捐弃故伎，更受要道也。”于是“一坐尽欢”。

曹丕在这次比武中，充分显露了他在武学上的造诣很高。

他在第一次的交手中，凭借快速迅疾的剑法，三次击中邓展的手臂，而后当邓展要求他改换攻击目标的时候，他便坦言自己的剑法特点是速度快，因而不能进攻对方的中路，所以只能击中邓展的手臂。曹丕的这个说法，和现在武术中流传下来的“剑走轻灵，刀行龙虎”、“剑走偏锋，刀进中宫”的说法是吻合一致的，也正是千百年来武术家们根据剑和刀不同的结构和重量总结出来的经验之谈。剑身轻而薄，不宜硬攻硬架，而且因为两面开刃，可以以剑尖的刺和两侧剑刃切、割来杀伤，所以从中路进攻就不太合适，一般大都利用兵器重量轻、速度快再配合身法走偏锋进行攻击；而大刀刀身阔而厚，可以依仗重量和结构上的牢固优势，进攻上大砍大劈，即使是防守也是硬碰硬。举个例子，刀法中最常见最普通的“缠头裹脑”就是一例，这一招便是运用刀背、刀锋格开对方攻向我左中、上段和右中段的兵器，同时连消带打予以还击，而人一般基本上是直进直退，和用剑大不相同，这就是所谓的“剑走偏锋，刀进中宫”。

曹丕在说明自己的剑术特点后，第二次和邓展交手。

邓展因为有了上一次的经验以及曹丕说了自己的剑术特点后，估计是一改打法，依仗自己的“善有手臂”，身手矫捷，说不定是邓展力大也未可知，总之是想仗剑和曹丕硬碰硬，突击曹丕的中宫。哪知道曹丕料敌先机，早料到了这一着，“余知其欲突以取交中也”，便兵行诡道，“因伪深进”，而邓展中计，遂“果寻前”，曹丕见他中计，移动身法避开他的攻势，“余却脚鄛”，结果“正截其颡”，使得“坐中惊视”。

曹丕先是挟胜利的余威，使得邓展畏惧他侧翼的快速攻击，又明言自己的剑法因为快的原因而不太适合进攻中路，这一番刻意的实话实说造成了邓展判断曹丕的中路是个弱点，所以决意在此处和曹丕决胜负，哪里知道曹丕假装中计，再次先佯攻邓展的侧翼，在邓展以为自己的盘算得逞想和曹丕在中路硬碰的当口，曹丕又一次转移身法避实击虚一举击中他的头部，这一次却不是击中邓展的手臂了，是以邓展输得没话讲，只余下受教育的份儿了。

曹丕在此次比剑中，不但依仗他的精妙剑法占了上风，还在第二次交锋中运用了谋略，料敌先机，又以语言使敌误断，而后虚则实之，实则虚之，虚虚实实，先卖个破绽与对手，再一举中的。这和他在阐述射箭一道时的“要狡兽，截轻禽，使弓不虚弯，所中必洞，斯则妙矣”的见解是一致的。

而后他又说“夫事不可自谓己长”，即凡事不要自满，必须虚心学习。他“少晓持复”，而且“自谓无对”，因为“俗名双戟为坐铁室，镶楯为蔽木户”。结果“后从陈国袁敏学，以单攻复”，居然“每为若神，对家不知所出”，所以“先日若逢敏于狭路，直决耳”！

依《亚洲古兵器图说》所说，汉代戟制最盛。曹丕说的双戟，是一种与剑差不多长短的护身短戟，以刺为主，也可以砍、劈，通常插在背后，而不是长戟。“双戟为坐铁室”，双手的兵器运用，在欧洲中世纪的骑士时代，大致也有这样的说法，在摒弃了沉重的长剑后，就开始了双剑的时代。通常是一手长剑，一手短剑，一剑前指或剑尖向天，另一剑横在头顶或眉间。一攻一守，颇为实用便利。我曾看过几次实况转播欧洲一年一度的中世纪古战争模拟游戏，大多数人还是使用的这个姿势。而东瀛著名的剑客宫本武藏更是因此创了一个二刀流。

再说“镶楯为蔽木户”，现在的武术比赛中经常有的“盾牌刀对枪”或“盾牌刀对三节棍”之类的对练套路，虽然说是表演，但持盾牌进攻的特点还是保留下来，因为盾牌的防护面积大，只要一矮身便可以很轻易地把自己保护起来，所以往往是盾牌向上一举便直攻对方的下三路，十分有效，而对方的中路进攻几乎不可能得逞，又因为盾牌大都是用木头做的，所以称为“蔽木户”。

曹丕可以用单兵破双械，说明他的身法和兵器的使用技巧都已经是很熟练和高明了。武术中要练的有所谓“手、眼、身、法、步”一说，从上面的记载来看，显然曹丕在这几个方面都已经是相当不错的了。

由此可见，曹丕在各种兵器及剑法上的造诣不但是技艺精熟，熟知各种兵器的性能特点，而且在实战使用中还融入了兵法和自己对武术上的见解，并能将其融会贯通，合为一体，正是达到了所谓“运用之妙，存乎一心”的境界，以此说来，说他是个武林高手应该不过分。

附　录

曹丕《典论》自叙

初平之元，董卓杀主鸩后，荡覆王室。是时四海既困中平之政，兼恶卓之凶逆，家家思乱，人人自危。山东牧守，咸以《春秋》之义，卫人讨州吁于濮，言人人皆得讨贼，于是大兴义兵。名豪大侠，富室强族，飘扬云会，万里相赴。兖豫之师，战于荥阳，河内之甲，军于孟津。卓遂迁大驾，西都长安。而山东大者连郡国，中者婴城邑，小者聚阡陌，以还相吞并。会黄巾盛于海岳，山寇暴于并冀，乘胜转攻，席卷而南，乡邑望烟而奔，城郭睹尘而溃，百姓死亡，暴骨如莽。余时年五岁，上以四方扰乱，教余学射，六岁而知射，又教余骑马，八岁而知骑射矣。以时之多难，故每征，余常从。建安初，上南征荆州，至宛，张绣降，旬日而反。亡兄孝廉子修、从兄安民遇害。时余年十岁，乘马得脱。夫文武之道，各随时而用。生于中平之季，长于戎旅之间，是以少好弓马，于今不衰；逐禽辄十里，驰射常百步。日多体健，心每不厌。建安十年，始定冀州，濊、貊贡良弓，燕、代献名马。时岁之暮春，勾芒司节，和风扇物，弓燥手柔，草浅兽肥，与族兄子丹猎于邺西，终日手获獐鹿九，雉兔三十。后军南征次曲蠡，尚书令荀彧奉使犒军，见余，谈论之末，彧言："闻君善左右射，此实难能。"余言："执事未睹夫项发口纵，俯马蹄而仰月支也。"彧喜笑曰："乃尔！"余曰："埒有常径，的有常所，虽每发辄中，非至妙也。若夫驰平原，赴丰草，要狡兽，截轻禽，使弓不虚弯，所中必洞，斯则妙矣。”时军祭酒张京在坐，顾或拊手曰“善。”余又学击剑，阅师多矣，四方之法各异，唯京师为善。桓、灵之间，有虎贲王越善斯术，称于京师。河南史阿，言昔与越游，具得其法，余从阿学之精熟。尝与平虏将军刘勋、奋威将军邓展等共饮。宿闻展善有手臂，晓五兵，又称其能空手入白刃。余与论剑良久，谓言将军法非也，余顾尝好之，又得善术，因求与余对。时酒酣耳热，方食芊蔗，便以为杖，下殿数交，三中其臂，左右大笑。展意不平，求更为之。余言吾法急属，难相中面，故齐臂耳。展言愿复一交，余知其欲突以取交中也，因伪深进，展果寻前，余却脚鄛，正截其颡，坐中惊视。余还坐，笑曰：“昔阳庆使淳于意去其故方，更授以秘术，今余亦愿邓将军捐弃故伎，更受要道也。”一坐尽欢。夫事不可自谓己长，余少晓持复，自谓无对；俗名双戟为坐铁室，镶楯为蔽木户；后从陈国袁敏学，以单攻复，每为若神，对家不知所出，先日若逢敏于狭路，直决耳！余于他戏弄之事少所喜，唯弹棋略尽其巧，少为之赋。昔京师先工有马合乡侯、东方安世、张公子，常恨不得与彼数子者对。上雅好诗书文籍，虽在军旅，手不释卷，每每定省从容，常言人少好学则思专，长则善忘，长大而能勤学者，唯吾与袁伯业耳。余是以少诵诗、论，及长而备历五经、四部，史、汉、诸子百家之言，靡不毕览。所著书论诗赋，凡六十篇。至若智而能愚，勇而能怯，仁以接物，恕以及下，以付后之良史。

三国时期的武侠谋士虞翻

虞翻，字仲翔，浙江余姚人，会稽太守王朗部下功曹。

初，孙策征江南之时，虞翻以郡兵不敌而劝王朗避之，王朗不听，与孙策战，后为孙策所败。虞翻遂护送王朗至东部的侯官，王朗以其父丧家有老母在堂，命其还家。孙策知虞翻回会稽，便亲自上门待以交友之礼，而不以上待下之态，并曰“今日之事，当与卿共之，勿谓孙策作郡吏相待也”，于是虞翻出为孙策功曹。

虞翻其人，实属文武全才，堪称东吴罕见之杰出人物之一。

在初归孙策时，《三国志·吴书·虞翻传》记载他因孙策极喜好游猎，就此曾进谏曰：

明府用乌集之众，驱散附之士，皆得其死力，虽汉高帝不及也。至于轻出微行，从官不暇严，吏卒长苦之。夫君人者，不重则不威。故白龙鱼服，困于豫且；白蛇自放，刘季害之。愿少留意！

后来他从孙策讨伐江南，又一次力谏孙策勿单骑逐敌，并为之护卫，韦昭《吴书》有载：

策讨山越，斩其渠帅，悉令左右分行逐贼，独骑与翻相得山中。翻问左右安在，策曰："悉行逐贼。"翻曰："危事也。"令策下马。此草深，卒有惊急，马不及萦策。但牵之，执弓矢以步。翻善用矛，请在前行，得平地，劝策乘马。策曰："卿无马，奈何？"答曰："翻能步行，日可二百里，自征讨以来，吏卒无及翻者。明府试跃马，翻能疏步随之。"

此两事具体而微，然读来意味深长，实在饶有趣味。

前一则中虞翻的劝谏之言，言简意赅，对孙策此类行动可能导致的后果，了然于心，与当时的另一杰出人物，曹操手下的头号策士郭嘉之判断不谋而合。曹操在官渡与袁绍对峙之时，曾担心孙策自后奔袭许昌，《三国志·魏书·郭嘉传》载曰：

孙策转斗千里，尽有江东，闻太祖与袁绍相持于官渡，将渡江北袭许。众闻皆惧，嘉料之曰："策新并江东，所诛皆英豪雄杰，能得人死力者也。然策轻而无备，虽有百万之众，无异于独行中原也。若刺客伏起，一人之敌耳。以吾观之，必死于匹夫之手。"

后来孙策果然死于被他歼灭的江南豪强许贡的食客之手，正应了虞翻“白龙鱼服，困于豫且；白蛇自放，刘季害之”之语，亦被郭嘉料中。

然二人于此事上相比，郭嘉似乎要略胜一筹。盖因此事起于曹操屯官渡期间，曹操担心孙策自后抄了自己的大本营，郭嘉此语，则明确指出了孙策在短期内必将被刺杀，因此不可能远袭许昌，而曹操也就是担心这一年内的事情，所以郭嘉这个判断，正是针对这一年内孙策可能出现的情况的。裴松之曾经认为郭嘉虽然能料到孙策之生死，但是不能料知他死在何时，因此说“嘉料孙策轻佻，必死于匹夫之手，诚为明于见事。然自非上智，无以知其死在何年也。今正以袭许年死，此盖事之偶合”。此言一则不免有些以巫者求奉孝，略显牵强，同时也忽略了郭嘉出此判断的大背景正是有时间限定的，也就是局限于曹操与袁绍对峙这一时期，所以实际上郭嘉已经说出了孙策死亡的时间就在这一年之内。因此裴松之此评，余以为不准确。

但无论如何，虞翻料人料事之明，却是远非东吴其他几位名士如张昭等人所能企及的，唯于大局之把握程度上要稍逊于郭奉孝。所以他虽然意识到了后果，但未能把当前被孙策歼灭的当地土豪之残余势力之危害，和孙策的个人癖好以及性格联合起来判断，明确意识到这个危机的急迫性，以致孙策不久后便被刺杀身亡。

除了料事见识过人之外，他的另一个突出之处，却是东汉末年至三国时期的谋士中极其罕见的，那就是他于武学一道的造诣之高，只怕即使在当时的武将中，都可算是极少见的一个。

在前文提到的第二则记载中，说虞翻不但武艺出众，“善用矛”，而且体力和速度也都可以说堪称罕见：“步行日可二百里。自征讨以来，吏卒无及翻者。”并居然还能长时间地追及奔马：“明府试跃马，翻能疏步随之。”从此几点来看，要是引用一句现在武侠小说用语的话，确实可谓是“轻功盖世”，足可成为武侠、异人之类的人物了。而他又能审地势、料敌情，以谋略取胜，所以是名副其实的文武双全。

此外，一个谋士所需要具备的基础条件之一就是辩才，而虞翻不但口才出众，他的硬朗风骨，也很让人心折。

在孙策攻打豫章时，他前去游说也是当时名士的华歆，据《江表传》云：

> 策讨黄祖，旋军欲过取豫章，特请翻语曰：“华子鱼自有名字，然非吾敌也。加闻其战具甚少，若不开门让城，金鼓一震，不得无所伤害。卿便在前，具宣孤意。”翻即奉命辞行，径到郡，请被褠葛巾与歆相见，谓歆曰：“君自料名声之在海内，孰与鄗郡故王府君（王朗）?”歆曰：“不及也。”翻曰：“豫章资粮多少，器伏精否，士民勇果，孰与鄗郡?”又曰：“不如也。”翻曰：“讨逆将军，智略超世，用兵如神，前走刘扬州，君所亲见。南定鄗郡，亦君所闻也。今欲守孤城，自料资粮，已知不足，不早为计，悔无及也。今大军已次椒丘，仆便还去。明日日中，迎檄不到者，与君辞矣!”

又《三国志》裴注云：

按《吴历》载翻谓歆曰："窃闻明府与王府君齐名中州，海内所宗，虽在东垂，常怀瞻仰。"歆答曰："孤不如王会稽。"翻复问："不审豫章精兵，何如会稽？"对曰："大不如也。"翻曰："明府言不如王会稽，谦光之谭耳；精兵不如会稽，实如尊教。"因述孙策才略殊异，用兵之奇，歆乃答云当去。翻出，歆遣吏迎策。二说有不同（此说为胜也）。

此两处记载不一，然说辞相差无几，都是一开始自设疑而明知故问，然后大开大阖，直指双方利弊，尤其《江表传》所载最后几句强悍之至，通观其前后言语刚柔并济，晓之以理动之以情，于是华歆终于不敌，只好开门揖迎。

再后来曹操坐稳江北，便意图招纳江东名士，闻其名，礼辟之。然而虞翻对曹孟德的辟召却不屑一顾。韦昭《吴书》载："翻闻曹公辟，曰：盗跖欲以余财污良家邪！遂拒不受。"短短一句话，将曹操比做盗跖，对他的鄙夷之情和崖岸自高之态顿时跃然纸上。在此点上，江东另外两个名士张昭、张纮都远不如他。张纮张子纲在出使许昌时，曾经留在许都做官，虽然做的是汉官，但终究还是为曹操所任。而张昭于赤壁之战时更是最坚决的投降派，因此这二人在风骨上和虞翻相较，相去简直不可以道里计。

令人可叹又可惜的是，一代骄子智能天纵的孙策英年早逝，而其弟孙权有此奇才异人却不能用，仅因性情不合，以醉酒之忤就将其流放去了南方蛮荒之地，自此闲弃不用。

虞翻固然是因为桀骜不驯而触怒了孙权，可以说咎由自取，但孙权之气度不能容下如此一个异人，比起他兄长孙策来，相差却又何其远乎！这也无怪乎孙策要说他不是创业之才，只是守业之具。

其实孙坚、孙策要是守业的话，又怎能不如孙权！这话当是孙策深知攻战天下非孙权所长，因此以此言固之，期望他能守住已经打下的基业。只看孙权后来袭夺荆州坏了吴蜀联盟的举动，就知道此言非虚，要是当时曹魏于夷陵之战时主动出击，恐怕东吴立刻就要面临灭顶之灾。

虞翻在临终前有言曰："自恨疏节，骨体不媚，犯上获罪，当长没海隅。生无可与语，死以青蝇为吊客，使天下一人知己者，足以不恨。"自此语可见他最后对孙权已经是失望之至，所谓的"知己者"，自然是指的孙策，可惜斯人已英年早逝，而孙权则喜听"媚"言，所以虞翻说此生"生无可与语"，只能"死以青蝇为吊客"，不复求有知音了。闻斯语，吾亦为之哀矣。

三国中的刘岱到底有几个

近日读三国，读至曹孟德临兖州，《三国志·魏书·武帝纪》前载兖州刺史刘岱事曰：

> 初平元年春正月，后将军袁术、冀州牧韩馥、豫州刺史孔宙、兖州刺史刘岱、河内太守王匡、勃海太守袁绍、陈留太守张邈、东郡太守桥瑁、山阳太守袁遗、济北相鲍信同时俱起兵，众各数万，推绍为盟主。太祖行奋武将军。

按此处所言，刘岱为兖州刺史。裴注云："岱，刘繇之兄，事见吴志。"遂又查《三国志·吴书·刘繇传》，得知"繇兄岱，字公山，历位侍中，兖州刺史"，"刘繇字正礼，东莱牟平人也"，则刘岱亦当为东莱牟平人。又有："平原陶丘洪荐繇，欲令举茂才。刺史曰：'前年举公山，奈何复举正礼乎？'"则其兄弟二人俱应为平原陶丘洪所荐。

其后曹孟德为东郡太守，青州黄巾百万之众入兖州，《三国志·魏书·武帝纪》又曰：

青州黄巾众百万入兖州，杀任城相郑遂，转入东平。刘岱欲击之，鲍信谏曰："今贼众百万，百姓皆震恐，士卒无斗志，不可敌也。观贼众群辈相随，军无辎重，唯以钞略为资，今不若畜士众之力，先为固守。彼欲战不得，攻又不能，其势必离散。后选精锐，据其要害，击之可破也。"岱不从，遂与战，果为所杀。信乃与州吏万潜等至东郡迎太祖领兖州牧。

至此处，兖州刺史刘岱刘公山身亡。

而后看《三国志·魏书·武帝纪》至官渡之战的时候，刘备为袁绍略许下，曹操遣将讨之，书载曰：

备之未东也，阴与董承等谋反，至下邳，遂杀徐州刺史车胄，举兵屯沛。遣刘岱、王忠击之，不克。

则此处又有一刘岱，查裴注有云：

魏武故事曰：岱字公山，沛国人。以司空长史从征伐有功，封列侯。

人有同名者不足为奇，至于连表字都相同，则似乎有点匪夷所思了。于是乎又查《中国古今地名对照》：

东莱：（东汉、三国魏）今山东黄县南。

而

沛：（西汉—北齐）安徽濉溪县西北。

若照此看来这两个刘岱不是同一地方的人，再说其官职也不同，一个是兖州刺史，是个州牧；一个是司空长史，是个属官，应该不是一个人。然书之所载，阙误亦颇多，至于同一人有数名者不在少数，现举一例，《三国志·吴书·孙坚传》有：

……袁绍遣会稽周喁为豫州刺史，来袭取州。坚慨然叹曰："同举义兵，将救社稷。逆贼垂破而各若此，吾当谁与戮力乎！"言发涕下。喁字仁明，周昕之弟也。

此处说夺阳城的是会稽周喁，而《三国志·魏书·公孙瓒传》载：

是时，术遣孙坚屯阳城拒卓，绍使周昂夺其处。术遣越与坚攻昂。

此处又说为周昂，可见其阙误之多，不知何为是者。

故此，诸书并云兖州刺史刘岱刘公山为青州黄巾所杀，而后曹操为兖州刺史，可是到几年后又冒出一个刘岱刘公山，真不知到底是一个人还是两个人，其中比较有问题的是：一是这两个人非但同名，连表字都相同。二是在曹操讨黄巾军的时候，济北相鲍信也临阵战死，《三国志·魏书·鲍勋传》："太祖为东郡太守，表信为济北相。会黄巾大众入州界，刘岱欲与战，信止之，岱不从，遂败。"以此说来，也有可能临阵战死的是鲍信而非刘岱，上面记载为书者之误，只是这两个刘岱却又不是一个地方的人，而且《三国志·魏书·武帝纪》中裴注又说："陈宫谓太祖曰：'州今无主，而王命断绝，宫请说州中，明府寻往牧之，资之以收天下，此霸王之业也。'宫说别驾、治中曰：'今天下分裂而州无主；曹东郡，命世之才也，若迎以牧州，必宁生民。'鲍信等亦谓之然。"照此说来，"州今无主"，即是兖州无刺史，则刘岱当已死，鲍信尚在，那两者为同一人的这个说法便有些说不过去了，到了此等地步，再穷究下去只怕也搞不出个结果来，所以也只好就此作罢，权当是有两个刘岱了。

从诸葛氏一门把掌魏、蜀、吴三国的军政大权说起

日前信手翻书，偶得一悟，只恐诸君早已识耳，然吾不敢以陋见而匿己言，故作此文，以为引大家润玉之石。

三国时，诸葛氏一门，英俊辈出，可谓当时一大望族，非但如此，其门中俊才，莫不手握一州乃至一国军政大权，显贵一时。由此吾以为，当是时，从政之政治气候，实为中国古代史上不二之选。诸君且看——

三国时之诸葛氏，最彰显者莫过于辅佐蜀汉之诸葛孔明。其祖上诸葛丰，为汉之司隶校尉，父及叔父均为郡丞、郡守，至亮一辈，适逢乱世，遂“躬耕陇亩”。刘玄德军破于曹孟德而三顾草庐，奉之为军师，至此孔明方始其政治仕途，此后玄德委以国家之重，入川之后，“策亮为丞相”，实为一人之下，万人之上，“先主外出，亮常镇守成都”，足见待其重，授以心腹之信也。玄德夷陵之败，于白帝托孤，属以后事，亦是千古佳话。或有非玄德之谓“若嗣子可辅，辅之；如其不才，君可自取”，实为亮坐大不得已之言云云，此语虽有可取，然观武

侯之《出师表》，亦不为全是不得已之语。后主时，以丞相录尚书事，假节，领司隶校尉，封武乡侯，“政事无巨细，咸决于亮”。不论其真实状况如何，至少表面上看来君臣之间不疑有二者，历代莫过于此也。

孔明之兄诸葛子瑜，早于亮仕，为吴主权姊婿弘咨荐于仲谋。先与“鲁肃等并见宾待”，而后权使瑾“通好刘备，与其弟亮俱公会见面，退无私面”，二人为庙堂事公正一至若斯。后更“从讨关羽，封宣城侯，以绥南将军代吕蒙领南郡太守，住公安”，踞抗蜀之重地；又玄德东下攻吴，瑾为之书，晓以轻重，或曰仲谋，瑾与玄德相闻，仲谋怒曰：

> 孤与子瑜有生死不易之誓，子瑜之不负孤，犹孤

之不负子瑜也！[1]

此语焉能不令人肝脑涂地乎！诸葛子瑜后官至大将军，左督护，领豫州牧，封宛城侯。

而孔明与其兄，在其入蜀以来，书信不绝，至亮出武功之时，军旅之中尚复有书信，而二人君上不以此疑之；至于武侯无后，求以子瑜第二子乔为嗣，而子瑜启仲谋“遣乔来西，亮以乔为己适子……拜为驸马都尉……（乔）子攀，官至行护军翊武将军”[2]，后乔兄元逊见诛，诸葛子瑜子孙皆尽，攀又还为瑾后。

诸葛诞，字公休，诸葛丰之后，亮、瑾族弟。初以尚书郎为荥阳令。正始初，为御史中丞，出为扬州刺史，加昭武将军，处于抗吴第一线。后又为“镇东将军，假节，都督扬州诸军事，封山阳亭侯”。诸葛子瑜子诸葛元逊兴东关之役，“遣诞督诸军讨之”[3]，屡与吴战，朝廷以其久在淮南，进镇东大将军、仪同三司、都督扬州，封高平侯，又进征东大将军。甘露二年（266）五月，征为司空。后与司马氏反目，反，夷三族。小子靓入吴，吴平还晋，子恢位至尚书令。

此三人者，皆为当时一流俊杰：

瑾为大将军，而弟亮为蜀相，二子皆典戎马，督领将帅，族弟诞又显名于魏，一门三方为冠盖，天下荣之。[4]

---

① 《三国志·吴书·诸葛瑾传》。

② 《三国志·蜀书·诸葛亮传》。

③ 《三国志·魏书·诸葛诞传》。

④ 《三国志·吴书·诸葛瑾传》。

难得者，此三人处于同一时期，在世时均已显名，又同处权重或战略重地之位，三人则尽心为其国其主，三人之君上均不疑之而重用之，蔚为奇观。

至于孔明与魏之重臣钟元常、王景兴、华子鱼书信之交，虽战乱不绝或两国交兵之时，犹不绝于道，说文论经，甚至于谈及子孙家事，一派气象亦为今人之不及甚矣。此固当事者一时名士，盛名无虚，德行不亏，然亦当时君臣均为一世之雄，绝世豪杰，其胸襟气度非常人者方得如此，故此后世稀见焉。

诸葛亮没有杀马谡

说起马谡的死，历来人们都认为马谡是在街亭之败后，回到诸葛亮大营负荆请罪，最后被诸葛亮挥泪斩于军门，京剧《失街亭》就是讲的这一段。

这种印象其实来自罗贯中的《三国演义》。其中九十五回描写马谡立下军令状，以王平为副将，率兵二万五千人出守街亭。抵达街亭后，以兵法云“居高临下，势如破竹”及“置之死地而后生”等理由，拒绝遵守诸葛亮于路口扎营的吩咐，并置王平的“魏军断我水源”的警告于耳后，屯兵山头，后来禁不住王平苦谏，分五千兵与王平，让其于山下扎寨。魏名将司马懿及张郃率军到达后，开始一面敌住王平，一面围马谡而不攻，并断其水源，待马谡不战自乱，降的降，逃的逃后，司马懿最后发动火攻，马谡惨败而回。王平此时兵少力薄，抵不住张郃的猛攻，也与马谡一起退兵了。

街亭失守后，使前方蜀军进无据点，退无可守之地，不得已放弃已攻占之陇右三郡，退守汉中。为此，诸葛亮上表请后主自贬三等，马谡于大营自首领死。斩首之时，全军落泪，诸葛亮亦失声痛哭，这就是所谓的“挥泪斩马谡”。

但是，这些全是小说家的艺术加工，史实与这些说法是有很大出入的。晋时陈寿所著的《三国志》及后来裴松之为其作的注释中，对此事的描写散落在诸列传中，我们不妨将其综合起来，来看看史书上的“斩马谡”真相。

首先是《向朗传》中的记述，当时向朗为丞相长史，随军征战，而向朗素与马谡善，“谡逃亡，朗知情不举，亮恨之，免官还成都”。此段意思十分明显，就是说街亭之战后，马谡并未投案自首，而是畏罪潜逃，而向朗知情不报，被诸葛亮免去官职，传记中说向朗一直待到诸葛亮死后，始复出仕官，而其中“优游无事”达二十年之久。

第二个是《马谡传》中裴松之注，有提及《襄阳记》中的记载说马谡临死前曾写信给诸葛亮，说：“明公视谡犹子，谡视明公犹父，愿深唯殛鲧兴禹之义，使平生之交不亏于此，谡虽死无恨于黄壤也。”后诸葛亮待其遗孤如同己出。看这一段，就知道马谡死前未曾有机会再与诸葛亮谋面，否则也无必要写这么一封信，要诸葛亮效仿杀鲧而用禹的故事，将自己的遗孤托付于诸葛亮了。

而后又称“十万之众为垂涕。亮自临祭，待其遗孤若平生”。马谡的确是死了，但以上均未提及马谡是如何死的，而在《诸葛亮传》中只称诸葛亮“戳谡以谢众”；《王平传》中又载：“丞相亮即诛马谡及将军张休、李盛。”从这两传来看，马谡确实是被诸葛亮下令处死的，但到底有没有付诸实施呢？

答案是没有。

因为这在《马谡传》中有明确记载：“谡下狱物故。”即他是病死狱中的。

综合以上史料，可得出这样一个结论：马谡在街亭举动违规，不遵诸葛亮的指示，以至于最后惨败而归，并直接导致此次出击祁山的战果——陇右三郡得而复失，无奈之下大军退回汉中。马谡是深知自己失败后果的严重性的，因此便畏罪潜逃。而身为丞相长史的向朗碍于情面或出于爱才之心，知情不报，事泄后导致他也宦途坎坷，优游无事达二十年之久。而马谡最终被缉拿归案，并被诸葛亮处以极刑，然而还未及行刑，马谡便于狱中病故了。这便是史书上的马谡之死。

马谡死后，诸葛亮亲自祭奠、为之流涕，共有十万之众陪着流泪，且对其遗孤待之若平生，诸葛亮这种既斩之又恤之的做法，其中也是有着很多复杂原因的。

孔明挥泪斩马谡

首先，对马谡其人，有着知人之明的刘备曾交代诸葛亮说："言过其实，不可大用。"而"亮犹谓不然。以谡为参军，每引见谈论，自昼达夜"。所以诸葛亮上表自贬，一是由于对马谡其人认识不足，二是由于对刘备的嘱咐未予重视，导致出击祁山之战劳军伤财，无功而返。以诸葛亮执法所谓"赏罚之信，足感神明"之风格，将其处以极刑，这也是必然的。（此说也可另有一论，但因无关此文宗旨，因此暂且不提）

但马谡在诸葛亮南征孟获之时，曾于出兵前向诸葛亮提出"攻心为上，攻城为下；心战为上，兵将为下"的战略方针，而在作战中，诸葛亮也是充分体现并采用了这种战略方针的，最后南疆终蜀之世未再有战事，这可说其中有马谡的功劳。而且马氏兄弟在荆襄一带素负才名，其中有"白眉最良"之称的马良在与诸葛亮的交往中称诸葛亮为"尊兄"，裴松之认为"良盖与亮结为兄弟，或相与有亲，亮年长，良故呼亮为'尊兄'耳"。无论如何，马氏兄弟与诸葛亮交情非同一般，且都具有一定才能，所以诸葛亮虽然要处马谡以"诛"、"戮"之刑，然而毕竟是用人之际，所以对其是深为惋惜的，所谓"挥泪斩马谡"倒是比较符合史实的，从他善待马谡遗孤一事上亦可看出他对马谡的态度。只是在小说家的创作过程中，将马谡畏罪潜逃一事略过不提，并做了一些加工。这一段就艺术角度来看，比之史实的确是更感人，更富有感染力了。

我国四大名著之一《三国演义》，影响力之大不言而喻，三国故事现在已被改编为多种不同版本、类型的游戏及影视剧，只是这些大都是以《三国演义》为蓝本的。由于历史原因，小说中尊刘贬曹的倾向严重，而且对很多人物、事件做了艺术加工，与历史事实有很大的出入。现在给大家提供一些真实的史料，将《三国演义》与《三国志》做些比较，以便大家可以更完整、真实地去看待和了解这段历史。

下　篇

历朝人物品藻

数点梅花亡国泪

姚煜题史可法祠墓

尚张睢阳为友，奉左忠毅为师，大节炳千秋，列传足光明史牒；

梦文信国而生，慕武乡侯而死，复仇经九世，神州终见汉衣冠。

张睢阳，唐名将张巡；左忠毅，明忠臣左光斗；文信国，宋名臣文天祥；武乡侯，蜀汉名相诸葛亮。经九世：纪侯谮齐哀公，哀公被杀，襄公复仇，灭纪，其间历九世。

史可法，字宪之，明神宗万历三十年（1602）十一月初四日寅时，生于河南省祥符县（今开封市）。

崇祯元年举进士，授西安府推官，稍迁户部主事，历员外郎、郎中，后来副使总理侍郎卢象升，分巡安庆、池州，监江北诸军；至后为户部右侍郎兼右佥都御史，总督漕运，巡抚凤阳、淮安、扬州，拜南京兵部尚书，参赞机务。

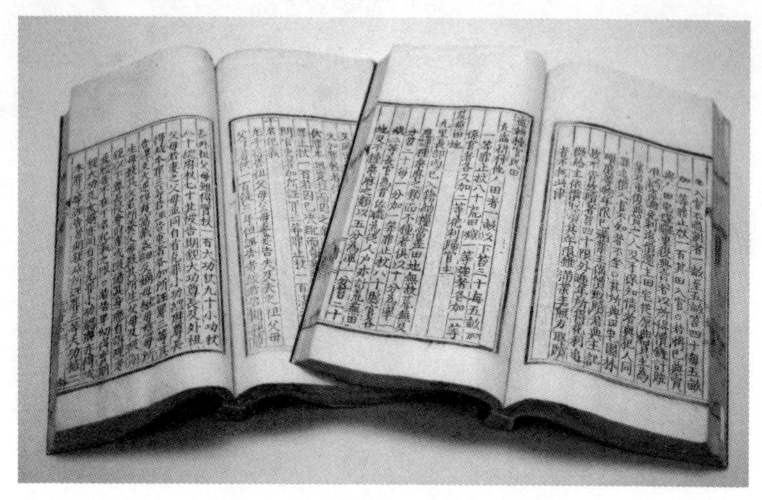

明代的鱼鳞册

崇祯十七年（1644）四月，闯王李自成攻入北京，明思宗缢死煤山，马士英等拥立福王，改年号为弘光，史称南明弘光朝廷。屡加史可法至太子太傅、兵部尚书、武英殿大学士，史可法自请为督师，出镇淮、扬。

弘光元年（1645）四月二十五日，扬州为清大将多铎率部攻破，史可法自杀被部下所阻未遂，被俘，然不屈怒骂，于扬州新城南门城楼上慨然就义，时年四十四岁。其部将、义子史德威于五月一日出觅史可法遗骸，因暑天炎热，尸体堆积致使蒸变难识，德威不敢妄认，因而未获其遗体。后于扬州城外梅花岭建衣冠冢。

史可法死节之后，被抗清势力推为英雄，尊称史阁部，其声名尚在炮毙清太祖努尔哈赤的袁督师袁崇焕之上。时有言其未死奉其名号兴兵抗清者。

清乾隆帝弘历南巡扬州时，因当年扬州十日屠城过于惨烈，为顺抚民心，至史可法墓前吊唁，为其加“忠正”的谥号，并亲书“褒慰忠魂”四字，史公祠内四字拓片至今尚在。此举固有息众怒怀柔之意，但毕竟对史可法之死节还是敬重的。

梅花岭建祠奉史公之习自此始。

我自上学起，听了老师的讲课，对史可法也一向作如是观，对他十分敬重，敬他是英雄豪杰，重他是忠臣死节。

及长，粗读明、清史，却起了些许的疑惑，等阅至《史可法复多尔衮书》，却看出了一身冷汗，最后不免四处去找些当时平头百姓和官人的笔记、书信来解开心中疑惑，待看完后竟是忍不住地要股栗了。

南明弘光朝廷始立之初，史书中均写得似乎事情全坏在马士英、阮大铖等那一干佞臣的手上，乃至于覆亡，即所谓的奸臣亡国。

实际上在我看来，在南明弘光朝廷的覆灭中，史可法亦难辞其咎。思宗殉国前以指蘸水书案前“文臣统统可杀”，良有以也。

此事可以先从山海关事变后的局势说起。

甲申年（1644）山海关事变，清军入关，李自成大顺军经井陉退入山西，潼关之战战败，顺治二年（1645）正月十三日，经陕西蓝田、商洛入河南。1645 年正月下旬到三月下旬，李自成率大顺军的北方主力十三万众集结于河南省西南地区；大将白旺统率守卫“襄京”的南方主力七万重兵，驻襄阳、承天、德安、荆州一带；西线入川的张献忠部有近二十万众；南明史可法督师的四镇兵力三十万，据守在河南李自成主力背后的江淮防线，与镇守武昌的左良玉部二十万军首尾相连，水军以及云、贵、两广、闽等处驻军兵力尚未计算。

以此一年计，仅山、陕、川、荆、襄、豫、江淮这个大弧形战线的一、二线兵力，就有李自成不下二十万的大顺军，张献忠的二十万人，南明部队五十万，合计九十余万人，东南沿海一带尚有水军，实有过百万之众，绝非夸张之言。

而入关征战的清军八旗主力满打满算，也不过约十三万，即使加上与吴三桂带领入关的部分宁远军合并计算，至多仅与李自成的大顺军相当而已，最多再算上他们两部留守关外的兵力，亦不及由史可法督师的四镇兵力。而占领的地区也仅限于京畿地区及山、陕部分，且除京畿之外，清军完全无多余兵力建立地方统治机构。八旗骑兵主力和宁远铁骑虽然骁勇善战，但是在数量上和战略上明显都是处于绝对劣势的。

袁崇焕墓

另外，一直以来的传统意见都认为，明朝的官绅地主阶级和大顺政权始终处于势不两立的对立地位，而清朝和明朝的官绅地主阶级是同一战线上的，所以大顺最后被剿灭，明也沦亡。事实上这是极为错误和偏颇的。这样的提法，完全忽略了中国历史上大部分地主官绅们对改朝换代以及“异族入主”这两个事件所持的不一样态度。普通官吏、地主对清朝、南明、大顺的态度，并不是这样简单，实际情况是，局面对南明和大顺都很有利，倒是对清朝是最不利的。

鼎鼎有名的大明遗老顾炎武云：

> 有亡国，有亡天下。亡国与亡天下奚辨？曰：易姓改号，谓之亡国；仁义充塞，而至于率兽食人，人将相食，谓之亡天下。……保国者，其君其臣，肉食者谋之；保天下者，匹夫之贱，与有责焉耳矣！[①]

他这一观点，可以说在当时是极具代表意义的。大顺入主是“易姓改号”，而满族由于民族和意识形态不一样，一旦入主则就是“仁义充塞，而至于率兽食人，人将相食，谓之亡天下”了。

在李自成于崇祯十六年（1643）十月歼灭陕西三边总督孙传庭所率的明军主力后，明朝大多数官绅地主们的态度已经发生了根本性变化，绝大多数人认为会明亡顺兴，并已经把此作为常见的改朝换代的大势看待，为确保自身利益，他们纷纷开始归附大顺。

因此大顺军在短短三个月里，除在宁武和保定两地稍遇抵

---

① 《日知录》。

抗发生小规模战役外，几乎可以说是在和平解放的状态下一路南下，一举占领整个黄河流域，这样的情况不要说别人没想到，连李自成本人也没想到。这从他带领的并非是自己的老营主力入京一事就可以知道。同时，这也为他的山海关之败埋下了种种祸根，包括从心理状态到对双方形势的错误判断，对突发事件应变的策略等。大顺军攻陷北京后，明朝廷在京的近三千官员“殉节”自尽的只有二十人。这其中还包括陪崇祯殉国的，其他全部归降大顺。国子监生陈方策在塘报中直言：“我之文武诸僚及士庶人……谓贼为王者之师，且旦晚一统也。”史可法则说：“在北诸臣死节者寥寥，在南诸臣讨贼者寥寥。”

大明官员不仅仅只是归降，而且还更纷纷争先去大顺政府处求用，唯恐落于人后，其场面蔚为可观。给事中时敏声称：“天下将一统矣！”他赶到吏府报名时大门已闭，当下情急敲门呼曰：“吾兵科时敏也！”方以入；丞相牛金星说考功司郎中刘廷谏道：“公老矣，须白了。”刘竟然说出“太师用我则须自然变黑，某未老也”此等肉麻话。①

在大明的军事力量方面，原来奉诏入关勤王的辽东军统领平西伯吴三桂、辽东巡抚黎玉田，于三月十三日率主力进关，驻扎于昌黎、滦州、乐亭、开平附近。在大顺军占领北京、明廷覆亡后，与山海关总兵高第一起受招归附大顺。黎玉田被任为大顺四川节度使，并马上与明总兵马科一起领军西行，收取四川。至此，秦岭、淮河以北的明朝军队全被收编，而大明疆界除辽东、南明所在地外，也全为大顺接管。

由此可见，事实并非如一向的史家所言，明官绅地主阶层是始终与大顺对立的。

---

① 《平寇志》。

与此形成对比的是，在大顺败退，清兵占领北京后，大多数汉族官绅却出于民族隔阂和文化思想上固有的优越感，不愿出仕清朝，纷纷南下。

明翰林院官杨士聪的书信中言，在清军占领北京后，很多官绅浮海南归，“泛海诸臣，漂没者七十余艘”，一次就沉没载有南归官吏的船只七十多艘，可见南归的官员之多。这样的情况不断出现，以至于到甲申（1644）七月，清朝吏部左侍郎沈唯炳颇为忧虑地上疏道：

> 大清入来……京官南去不返，似怀避地之心；高人决志林藏，似多避世之举。见在列署落落晨星，何以集事而襄泰运哉……急行征聘，先收人望……此兴朝第一急务也。

清军入主北京后，原来大明官员们“见在列署落落晨星”的状况，与当初大顺入主北京时争先求用的局面形成的鲜明对照，充分说明了当时的人心向背。

另外，在政治上因为明自建国后一直就有南、北两套政府班子，因此北京虽破，但在南京的六部却纹丝未动，所以直接就接管了北京六部的职权，且不要说还有弘光皇帝在彼。而在地域上，清朝也只有在北京及附近很小的一块区域内有绝对的军事优势。再看物资上，甲申五月，清朝兵部右侍郎金之俊上疏说：

> 西北粒食全给于东南，自闯乱后，南粟不达京师，以致北地之米价日腾。

明军用的火炮

其实不单是粮食，其他如布匹等物资的生产中心也一样在江南，所以只要南方一掐漕运，北方的衣食问题马上就会面临巨大的困难，但南明却从来没有试图真正掐断运河这一至关重要的补给线。

而在文化和思想上又诚如顾炎武所言："易姓改号，谓之亡国；仁义充塞，而至于率兽食人，人将相食，谓之亡天下。"是以明遗臣、百姓在思想文化上的优势和对清朝的排斥，与在政治、军事上一样的明显。在这些方面，清朝不要说和南明比，即使和大顺比，也是明显地处在劣势地位的。

多尔衮刚入北京时曾推行剃发，据当时正在北京的张怡的笔记中记载：

> 剃发令下，有言其不便者曰："南人剃发，不得归。远近闻风惊畏，非一统之策也。"九王（多尔衮）曰："何言一统？但得寸则寸，得尺则尺耳。"

更有满族将领放言："宜乘此兵威，大肆屠戮，留置诸王以镇燕都，而大兵则或还守沈阳，或退保山海，可无后患。”①虽然此议被多尔衮以努尔哈赤有如果占领北京就迁都北京之遗命为由否决，但多尔衮随后在甲申六月发布的告文中却说：

> 不忘明室，辅立贤藩，戮力同心，共保江左者，理亦宜然。但当通和讲好，不负本朝。

就很显然地承认了被“辅立”的“贤藩”南明福王，是崇祯的继承者，而且希望可以与清朝两不相犯。同时又说“河北、河南、江淮诸勋旧大臣、节钺将吏及布衣豪杰之怀忠慕义者，或世受国恩，或新膺主眷，或自矢从王，皆怀故国之悲，孰无雪耻之愿？予皆不吝封爵，特予旌扬”等。这也表示了他当时是把河北、河南、江淮排除在清朝的管辖之外的，把那里看成是明的管辖地。

所以，这一切都充分证明清朝的高层，包括多尔衮在内的决策集团，当时并没有做出南下的决策，只是打算先守北京。对于要不要继续南下和西进，或者说能否一举攻占和统治全中国，就算退一步不说他们没有这个想法，至少他们对此没有把握、心中无底，是确实无疑的。出自清朝实质上的首脑、军政一号人物多尔衮这句“何言一统？但得寸则寸，得尺则尺耳”，就是此等思想最好的例证。

由此可见，当时大明的山河虽破，但尚可以收拾。换个角度甚至可以说是山河还根本未破。因为这个时候，无论在政治、军事、物资以及民心、地理等方面，清朝都是如履薄冰，岌岌可危，所以多尔衮等人只想守住北京的战略思想，摆在当

---

① 《朝鲜李朝实录》中的中国史料。

时是非常客观和务实的。

而当此大好局面，南明弘光朝廷的那些君臣们又在做些什么呢？

自大顺军出京西走后，河南、河北、山东大部分地区的统治，一度同时成为真空，清政府无心也无兵力去建立统治机构，当地的明官吏和百姓于是纷纷起来组织武装力量自卫，并急切盼望史可法等举军北上收复明地。

甲申五月初，河南原明归德府知府桑开第和明参将丁启光举旗，光复归德府、商丘、管河、宁陵、柘城、夏邑、考城、鹿邑，六月使者抵达南京弘光朝廷，原明河南援剿总兵许定国占据战略重镇睢州。

四月二十七日，山东德州官绅赵继鼎、程先贞、谢陛等推明宗室香河知县朱帅为盟主，称济王，并发檄文号召光复明朝。一时间山东及北直隶到处响应，在一个月内，山东省的济南府、临清州、青州府、东昌府、武定州、滨州、高唐州、德州、临邑、蒲台、海丰、沾化、利津、陵县、乐陵、济阳、齐东、乐安、商河、朝城、德平、恩县、平原、禹城、莱芜、阳信、宁津、武城，北直隶的河间府（包括河间、阜城、肃宁、兴济、任丘等八个州县）、大名府、沧州、冀州、景州、故城、交河、吴桥、武邑、武强、衡水、献县、曲周、东光、清河、饶阳等，两省合计四十三个州县光复，举起明朝旗号。

但遗憾的是，南明弘光朝廷和他的一号军事长官史可法，却都没有一丝去光复国土的念头。在其后一直到史可法殉国的将近一年时间中，弘光朝廷仅仅只是委任了无数的巡抚、总督等大小官吏做个样子，却不发一兵一卒。但就算是这样，也竟然没有一人实际到任，好一点的是派个使者去发一通告示，次的干脆没任何举动。而驻守江淮与山东接壤的史可法本人既不出兵，也没有派部下去山东、河南等地屯守并建立统治机构，更不要说到靠近北京的河北去了。

前文所提及的张怡，于清军入主北京后开始南归，又继续记其一路所闻：

> 过德州界，一路乡勇团结，以灭贼扶明为帜，所在皆然。至济南，回兵数千自相纠合，队伍整肃，器械精好。浚河置榷，凡舟必盘诘乃得过。即以所浚之土堆集两岸，仅容步，不可骑。而沿河民家塞向墐户，留一窦以通出入，防守颇严。引领南师，如望时雨。既闻弘光登极，史公督师，无不踊跃思郊。每遇南来客旅，辄讯督师阁部所至。①

这些布置何等严整，直如惯战之精兵，而这些百姓和下级官吏们“引领南师，如望时雨”的希望，“每遇南来客旅，辄讯督师阁部所至”的举动，又可见他们对南明和史阁部等人的延颈之心是何等的热切，那么面对这些热血军民，他们所盼的弘光朝廷和史“督师”及他的“阁部”又做了些什么呢？

甲申八月底，史可法督下四镇之一东平侯刘泽清，遣其所部刘可成等率千人前往临清祭祖并接取家眷，途中于曹县“杀死乡官一十七家、百姓无算”，于济宁又向张怡所说的光复明朝之回兵泄私愤开战，九月初三搬取其家眷返回防地淮安。

此次于九月初三结束的“战役”，可以算史“督师阁部”仅有的两次“北伐战役”之一。且不要小看此“战”，此

① 张怡《謏闻续笔》。

“战”时间虽短、规模虽小，但意义极其重大。因为临清与河北交界，和济宁为山东仅有的两个直隶州。而从江苏中部的淮安北上到临清，要跨越山东全境后直抵河北地界。南明军仅千人就可以穿越山东全境，直抵河北，并带着大队家眷、财物“转战千里”安然回来，同时还能大肆屠戮同胞的“战绩”，足以证明当时清政府任命的山东巡抚方大猷，在启本中说他“手无一兵”的情况的确是大实话。史可法这个防地与山东接壤的南明第一号督师，是知道在山东、河南、河北等地方，清政府只有“手无一兵”的如方大猷之流的情况的，也知道只有仅千人的明军不但可以横行千里，还有足够的能力和自己的军队自相残杀一场。

然而史可法在九月二十六日的上奏中却说：

> 各镇兵久驻江北，皆待饷不进。听胡骑南来索钱粮户口册报，后遂为胡土，我争之非易。虚延岁月，贻误封疆，罪在于臣。适得北信，九陵仍设提督内臣，起罪辅冯铨，选用北人殆尽。或不忘本朝，意图南下，逃匿无从，是河北土地、人才俱失矣。乞速诏求贤，偏谕北畿、河北、山东在籍各官及科甲贡监，但怀忠报国，及早南来，破格用之。

对于这个军事一号人物的这个奏章，弘光朝廷从善如流。

他和南明朝廷尽管都知道那里只仅仅是“胡骑南来索钱粮户口册报”而已，居然就都理所当然地认为那里已经是“胡土”了，并且还竟然都毫不脸红地一致同意“争之非易”。接着他又说清朝在“九陵仍设提督内臣……选用北人殆尽”，其中包括“不忘本朝，意图南下，逃匿无从”的人，所以“河北土地、人才俱失矣”。这个“土地、人才俱失”的状况，在我看来，倒是与他这个封疆大吏不出兵收复失地脱不了干系的。但是他依旧不图进取，反倒建议朝廷“乞速诏求贤，偏谕北畿、河北、山东在籍各官及科甲贡监，但怀忠报国，及早南来，破格用之”。那言下之意，就是因为北畿、河北、山东等地方，有敌方的几个没有一兵一卒的光杆官吏在，所以已经“争之非易”，既然这样，那干脆不用管也不用争，直接就放弃掉算了，只管发发告示，把有用的人叫过来就行。而且大量史料表明，南明的军队从来就不缺饷，有记载他们四个月就发了一年半的银饷，同时比比皆是的还有他们如何搜刮民间的记载。至此，史阁部的心思就不免叫如我之辈作小人想了。

实质上，史可法和弘光皇帝朱由崧、马士英、阮大铖等人一样，从一开始就没有想过要去收复北方，而是要一心偏安江南。即使在后来清政府已经开始出兵要占领全国的局面下，也还在梦想着能与清政府保持南北割据，而不是和大顺、大西联合起来共抗外敌。所以他们是万万不敢因为那几省的“弹丸之地”而去触怒清政府，陷入与清政府的战争的。同时，他们还幻想着清政府因此就会很好心地只是帮他们消灭大顺政权，然后能与他们“和平”相处，“划疆而治”。因此可以说，史可法与马士英、阮大铖等人之间的斗争，更多的是党争的成分，并不如大部分史学家说的那样，是抗清和谈和的斗争，因为史可法本人就是谈和的坚定支持者和倡议人之一。

他在甲申六月上书说道：

但虏既能杀贼，即是为我复仇。予以义名，因其

> 顺势，先国仇之大，而特宥前辜。借兵力之强，而尽歼丑类，亦今日不得不然之着数也。前见臣同官马士英已筹及此。

其中“予以义名，因其顺势，先国仇之大，而特宥前辜”，自然是说清与明的“七大恨”及努尔哈赤被毙宁远之仇，所以现在帮我们杀李自成，那就可以“特宥前辜”，与明开战等事体一笔勾销，这个事情“臣同官马士英已筹及此”，大家是一致的。

接着他话锋一转，说要赶紧派使者去北京，如果清军在追击大顺的时候，“万一虏至河上，然后遣行，是虏有助我之心，而我反拒之，虏有图我之志，而我反迎之”，但是他对万一“虏有图我之志”的情况，却如掩耳盗铃一般视而不见也不做防备，只是建议：

> 伏乞敕下兵部，会集廷臣，既定应遣文武之人，或径达虏主，或先通九酋（多尔衮）。应用敕书，速行撰拟，应用银币，速行置办。并随行官役若干名数，应给若干廪费，一并料理完备。定于月内起行，庶款虏不为无名，灭寇在此一举矣。

他觉得只要带点“银币”，“敕书”一封，然后一个“文武之人”与“随行官役若干名”去见个面送封信就可以“款虏”、“灭寇”，此等政治上的见识，简直等若童稚之举，直要人为之号啕大哭。

但当时的一些下级官吏，如后来抗清失败自杀的兵科给事中陈子龙等人，却纷纷上书指出“祖宗之地诚尺寸不可与人，然从来开疆辟土，必当以兵力取之，未闻求而可得者也”，强烈要求北伐，只可惜无人理睬。在甲申四月至十月的半年时间里，清军主力一直与大顺在西线激战，根本无力南下；而正是由于南明朝廷里以史可法、马士英为首的一帮人，一心偏安谋求划地而治，生怕北上收复山东、河南、河北等地会得罪清政府而开战，所以裹足不前。因此导致从四月到十月间，在这三地竟然产生了长达半年的权力真空和摇摆状态，最后在甲申年底才大部归附清政府。但即使到这个时候，清政府的统治也大多只是由一个官依靠着当地前明降将的军队，就接收了一府之地的状态。

正是因为南明小朝廷以及文武首脑表现在政治、军事上的不作为和腐败无能，直接导致以多尔衮为首的清政府决策集团，在很短的时间内，又一改初衷迅速作出了统一中国全境的决定。

多尔衮虽然在六月发布了那封承认南明弘光是继统于崇祯的明正统，表示各地仍属明之辖地的文告，但是一旦决定要一统天下后，马上就写了那封著名的《多尔衮与史可法书》，一下子全部推翻了自己原先的论调。

他在信的抬头不再称呼史可法的官衔，只称呼史老先生，已是把南明作伪朝看。然后在信里先说“国家之抚定燕都，乃得之于闯贼，非取之于明朝也”，意思是我的天下是从大顺手里拿的，你大明早已经没了。所以你们现在乘我“逆寇稽诛，王师暂息，遂欲雄踞江南，坐享渔人之利”，简直心怀叵测，“今若拥号称尊，便是天有二日，俨为劲敌”，便是说你南明是伪朝，如果不去帝号称臣，那我们就是敌人，就要开战，如果一旦这样的话，大清就会“简西行之锐，转旆东征；且拟释彼重诛，命为前导”，这一下却是拿联合李自成东下灭南明来威胁了。不过这么一来虽然是咄咄逼人，但也暴露了清政府的弱点。试想他如果兵力和把握都足够，哪里又需要拉上此刻正在与阿济格、多铎等清军主力激战不休的死敌李自成来吓人。

史可法在接到这封信后，回复了同样著名的《史可法复多尔衮书》。这一篇文章倒是做得引经据典，华彩四溢。然而正是看了他这封信，使我就此推翻了自小对他的崇拜和景仰。

他首先在回信中的抬头中，以“大明国督师、兵部尚书兼东阁大学士”的身份称呼多尔衮为“大清国摄政王殿下”，光这个抬头，他就比多尔衮矮了一头。所谓“来而不往非礼也”，人家已经不承认南明只呼你为“史老先生”，而你居然不敢照样回敬，心中怯弱之意毕露无遗。

努尔哈赤于1616年由大明建州卫都督一职起兵，先称国号后金，后又改大清，历天启、崇祯两朝就从来没有被承认过，袁崇焕还一度迫使皇太极去了帝号，对此皇太极耿耿于怀。皇太极于天聪四年（1630）发的一道谕文中说：

> 逮至朕躬，实欲罢兵戈，享太平，故屡屡差人讲说。无奈天启、崇祯二帝渺我益甚，逼令退地，且教削去帝（号），及禁用国宝。朕以为天与土地，何敢轻与？其帝号国宝，一一遵依，易汗请印，委曲至此，仍复不允。

由此可以看见，即使清去了帝号自称大明的藩属，崇祯也是不承认的。因为建州卫是大明的州卫而不是藩属，在这一点上，崇祯是极为注意的，故而不予谈判。所以皇太极自觉委屈之至。而致袁崇焕于死地的罪名里，有一条就是他和清政府议和。

史可法是崇祯元年（1628）中的进士，他在崇祯手下做了十七年的官，所以对此应该明白清楚得很，要是在崇祯手上，他这样称呼多尔衮，只怕马上就会被拉出去砍了脑袋。

然后他一口一个贵国客套了一番说道：

> 若以逆成尚稽天讨，为贵国忧，法且感且愧……凶闻遂来……忽传我大将军吴三桂假兵贵国，破走逆成。殿下入都，为我先帝、后发丧成礼……此等举动，震古烁今，凡为大明臣子，无不长跽北向，顶礼加额，岂但如明谕所云感恩图报已乎！谨于八月，薄治筐篚，遣使犒师。

他对清军和大顺开战的举动，的确是如他所说“长跽北向，顶礼加额，岂但如明谕所云感恩图报”的，所以称吴三桂为“我大将军吴三桂”，而对李自成的强悍则表示“为贵国忧，法且感且愧”。

接着他列举了如三国蜀汉、东晋、南宋等一堆偏安朝廷的先例，来证明南明弘光朝廷的合法性，再下去便是两家叙好：

> 贵国昔在先朝，夙膺封号，载在盟府。后以小人构衅，致启兵端，先帝深痛疾之，旋加诛僇，此殿下所知也。

这里他痛骂炮毙努尔哈赤的袁崇焕，是在“两国”之间“构衅”“致启兵端”的小人。不过这个时候袁崇焕还没有平反，那倒也说他不得。可是袁崇焕死后“天下冤之”，部将祖大寿也为此反出关外，无亲无故的幕僚程本直，更以一本《白冤疏》告天下而后以身殉袁督师，他史督师却是不会不知道。

当然了，在他看来，先帝钦定的罪人，即使是忠臣有冤，现在为了“两国”和好，骂几句也是应该的。不过这个时候他倒突然是想起杀袁崇焕的崇祯皇帝来了，可在开头却偏偏又“忘记”了崇祯视为大忌的承认大清是国家的事情。因此在我看来，同是大明督师的史可法与袁崇焕，在此事上两人高下立判，相去简直不可以道里计。

然后他又说：“贵国笃念世好，兵以义动，万代瞻仰，在此一举。若乃乘我蒙难，弃好崇仇，规此幅员，为德不卒，是以义始而以利终，贻贼人窃笑也，贵国岂其然欤?”这个就是与虎谋皮了。要清政府只凭一个“义”字，就耗费兵力帮他剿灭大顺然后两不相犯，未免幼稚得有如三岁小儿。当然，最后他也没忘记，在剿灭大顺的事情上，南明也是要出力的：

> 今逆成未伏天诛，谍知卷土西秦，方图报复。……伏乞坚同仇之谊，全始终之德，合师进讨，问罪秦中，共枭逆成之头，以泄敷天之愤。则贵国义闻，照耀千秋，本朝图报，唯力是视。从此两国世通盟好，传之无穷，不亦休乎！

这道书成于甲申八月间，写得虽然是字字珠玑，锦绣文采，只是对清政府的恐惧，以及懦弱无能、低声下气的腔调，在此间却暴露无遗。

早在多尔衮来信前的七月二十一日，南明议和使团已经出发，其目的就是“以两淮为界”、“彼主尚幼，与皇上为叔侄可也”，实行划疆而治，偏安江南一隅。但使者团在九月初五才抵山东济宁，这其中并没有人要他们回来，或者在谈判内容上作什么修改。至十月十二日到北京后，清政府拒不会见，不承认弘光朝廷是国家，不接受其“国书”，并明确宣告已经准备派军南下，与南明开战。但同时却收取了南明主动送去的“岁币”——银十万两、金一千两、蟒缎二千六百匹，“赐”给吴三桂的白银一万两、缎二千匹。十二月十五日使节团返回南京，三个使节中只有一个奸细回来，其余两人被清政府扣押。这样，已经可以明白地知道一件事情，那就是清政府已经彻底撕破了脸面，准备大举南下开战，和议是万万没有希望的了。

御史沈宸荃于是上表：

> 虏、贼今日皆为国大仇。……及贼逆不容诛，(清) 复巧借复仇之名，掩有燕、齐，是我中国始终受虏患也。故目前之策，防虏为急，贼次之。……以大振复仇之声，而其实节节皆为防虏计。

这个奏章明确提出，先抗清，至于李自成是以后的问题，这可以说深刻认识到了清“掩有燕、齐，是我中国始终受虏患也”的后果，是极为正确的认识，而提出的“防虏”建议也是积极的，至少这个时候亡羊补牢尚为时不晚。

然而史可法在知道这个消息后，奉上的奏章里却是这样说的：

屡得北来塘报，皆言虏必南窥……近见虏示，公然以逆之一字加南，辱我使臣，蹂我近境，是和议固断断难成也。一旦寇为虏并，必以全力南侵；即使寇势尚张，足以相距，虏必转与寇合，先犯东南。……今宜速发讨贼之诏，严责臣等与四镇，使悉简精锐，直指秦关。

在知道求和使团被拒，“和议固断断难成”，清政府已经宣战，“虏必南窥”的情况下，他在讨“贼”和防“虏”之间，居然还是选择先“发讨贼之诏”，然后“直指秦关”讨家“贼”，而不是防备在燕、齐的南窥之虏，这样的攘外必先安内，可以说直欲使人为之呕血。我之所以在前说其丑陋，实是因为史可法在这里显露的这种态度，可视为后世慈禧“宁赠友邦，不与家奴”一语的祖宗和出处。

为了实现他这个攘外必先安内的构想，乙酉（1645）正月，史可法发动了南明唯一一次大规模的正式“北伐”。

当然此次“北伐”的对象是西线的李自成，而不是收复北方的山东、河南等地。至于发动的原因，他告诉弘光皇帝是因为知道“清豫王自孟县渡河，约五六千骑，步卒尚在覃怀，欲往潼关”，对清军剿闯兵力不足的忧虑溢于言表，于是他已经体贴入微地“命高杰提兵二万，与张缙彦直抵开、雒，据虎牢；刘良佐贴防邳、宿”，史督师这一战略部署，矛头直指西线的洛阳，却对黄河北岸的清军铁骑视而不见，并沾沾自喜、一厢情愿地引为盟军和友军。

只是在黄河对岸的清豫王豪格在回复给高杰关于合力剿闯的信里，已经明确打破了这样的幻想：“果能弃暗投明，择主而事，决意躬来，过河面会……若弟欲合兵剿闯，其事不与予言。”

四镇之一的兴平伯高杰，原是崇祯时降明的李自成部将，绰号翻山鹞子，算是四镇中比较能打仗的一个。他在抵达战略重镇睢州后，有情报说原来那里举旗光复的原大明河南援剿总兵许定国，由于南明长期无人理睬也不发兵北上增援，刚刚把两个儿子暗里送往黄河北岸豪格营中去当了人质。于是为防止他把睢州献给清政府，正月十三日，高杰以两万兵驻城外，只带三百名亲随进城赴许定国宴，意图说服其不要降清，结果却为许定国伏兵所杀。高杰夫人邢氏和部将得知后狂怒不已，于十四日攻入睢州屠城，许定国过河逃入豪格营中，正式降清。

史可法在知道这个变故后，马上赶往高杰军中收拾残局，立高杰之子为兴平伯世子，高杰妻邢氏知其子幼，遂请其子拜史可法为父。然史可法却因高杰乃“流贼”出身而坚决拒绝，最后命其拜提督江北兵马粮饷的太监高起潜为义父了事，白白放弃了一个收取四镇兵力的好机会。此前史可法对四镇兵力掌控乏力，现在天赐良机可以掌控却仅仅因为高杰出身不好而放弃，由此也可见他之无能和迂腐。

用此等“人才”来做南明的军事第一号长官，又焉能不亡。

二月，史可法率部南归，撤回江苏白洋口（今江苏省宿迁）。于是有民谣讥讽道：“谁唤翻山鹞子来，闯仔不和谐。平地起刀兵，夫人来压寨（原注：邢夫人也），亏杀老媒婆（原注：史公也），走江又走淮，俺皇爷醉烧酒全不睬。”①

---

①《青燐屑》。

此次“北伐”之时，阿济格、多铎率清军主力正在陕西与李自成进行潼关大战，对京畿、河南、河北、山东根本无力顾及。豪格只有五千人马，在黄河对岸先前既无力助许定国对付高杰，后来看着高杰所部屠灭睢州，群龙无首乱做一团的样子，也不敢有一丝异动。在此等大好形势下，史可法非但不敢在京畿、河南、河北、山东建立地方政权，或者守住睢州这个江淮门户的战略重镇，反而全部放弃狼狈南归，又有什么资格和唐之张睢阳张巡比肩！

他的幕僚阎尔梅当时正在军中，在《阎古古全集》中记载，他曾力主史可法道：

渡河复山东，不听；劝之西征复河南，又不听；劝之稍留徐州为河北望，又不听。

可见他实在没有军事和政治才能，同时也说明他根本不想也没有胆量去收复北方，最多只是在嘴上喊喊而已。

我们再看看当时民间诸人是怎么评说南明朝廷及文、武首脑的。

张怡笔记：

日复一日，坐失事机，灰忠义之心，隳朝食之气，谋之不臧，土崩瓦解，伊谁咎哉！

郑与侨《倡义记》：

当四海无主之日，前无所依，后无所凭，只以绅衿忠愤、乡勇血诚，遂使大憝立剪，名义以新。无奈江南诸执政鼠斗穴中，虎逸柙外。

阎尔梅《惜扬州》诗：

左右有言使公惧，拔营退走扬州去。两河义士雄心灰，号泣攀辕公不驻。

乙酉（1645）三月，清军主力在完全没有后顾之忧的情况下于潼关击败李自成后，已经休息调整完毕，终于开始抽身出来分兵南下。多铎部由潼关东进，直取扬州、南京方向，南明的君臣自己酿就的苦果终于来临。

由于完全没有河南、山东等战略屏障可以依恃阻挡，四月十三日清军已经赶至安徽泗州渡淮，十七日便在距扬州二十里处扎营，十八日推进到扬州城下，此前史可法自白洋河仓皇鼠窜至扬州，清军南下沿途没有发生一次真正意义上的大规模战斗。此刻的史可法身后便是南京，如果退回去他这个四镇督帅应该担负的责任可想而知，朝中不同派系的阮、马之流，虽然在对待清政府的政治主张上和他一致，但是断然不会就此放过这个声讨他的机会，而弘光皇帝朱由崧因为在拥立问题上对他耿耿于怀，也未必不因此借机治他的罪，因此到了扬州后，史可法实可谓已经退无可退。

史可法在进扬州后，以为“锐气不可轻试，且养全锋以待其毙”，扬州守军没有出城应战，而清军这个时候并没有采取围城攻势，所以到二十一日，明甘肃镇总兵李棲凤、监军道高歧凤还曾经带了四千人入城，但二十二日又率所部并与城内的胡尚友、韩尚良等出门降清，史可法恐阻止他们会发生内变，因此不敢有任何动作。在此期间，清军主将多铎则五次发书招降史可法，史可法坚拒不回。

关于扬州战役，《南明史略》说“（史）可法还抗拒清兵，坚守孤城，支持了有十天的功夫”。但实际上按照双方当事人书信，包括史可法在遗书中的记载都可以证明，扬州战役前九天清军并没有围城和攻城，扬州并非孤城，期间明军部队出入自由，双方只是对峙九日，最后仅一天便告陷落，何来“坚守孤城，支持了有十天的功夫”一说。

扬州的陷落，固然有兵力悬殊之因，但明军的不得人心，也是一大原因。当时在扬州城内的王秀楚逃生后，在日记里写了这样的情况：

北平行都指挥使司夜巡铜牌

督镇史可法从白洋河失守，踉跄奔扬州……吏卒棋置……践踏无所不至，供给日费钱千余。……主者喜音律，善琵琶，思得名妓以娱军暇；是夕，邀予饮，满拟纵欢，忽督镇以寸纸至，主者览之色变，遽登城，予众亦散去。①

史可法自己虽然清廉，但是却阻止不了他手下对百姓的“践踏无所不至”，带兵将军临战还在想着“得名妓以娱军暇”，其人之统军无方和无能，亦可以从此窥见一斑。

四月二十四日夜，清军发动总攻，炮轰扬州城墙，二十五日，扬州陷落。南明第一号军事长官、太子太傅、兵部尚书、武英殿大学士、四镇督师史可法自杀被阻，被俘后怒骂不屈，以身殉国。

对史可法最后以身殉国的气节，我当然是敬重的。但是对他在政治、军事上的糊涂、无能和懦弱，甚至放弃、出让国土那些行为，我是很不以为然乃至于不齿的。作为南明弘光朝廷的第一号军事长官，他一直主张并身体力行联清剿闯的战略，甚至在清政府宣布开战后也是如此，对清政府不抵抗、弃地甚至暗示割地示好，坐失了光复明朝江山的大好时机，导致清政府可以全然没有后顾之忧，全力出击李自成，然后回头从容收拾南明。所以对南明弘光朝廷的覆灭，史可法负有不可推卸的责任。

史可法是南明皇朝的忠臣，但是不能算大明朝的忠臣，因为他开肇了承认大清是国家的头，违背了大明天启、崇祯两朝一直坚守的大原则，等于割裂国土。

---

① 《扬州十日记》。

史可法是不怕死，但是不能因此就算英雄，因为他从没有尝试过哪怕是一次试图去收复清政府手里的失地，反而却是一味地退让，甚至于弃地、割地送给清政府。因此他只能算是个不投降的“义士”。

史可法是死于和清军战斗中的义士，但不能算抗清义士。因为他除了在清军攻击扬州的战斗中被动应战外，从来没有也没有想过要去主动抗击过一次清军的入侵。在我看来，只能称呼他做不降清的义士。后人把他比之前朝的张巡、文天祥、诸葛亮，他固然是绝无这个资格，与同是大明朝的督帅袁崇焕比，其间相差亦又何止千里。

附　录

史可法复多尔衮书

大明国督师、兵部尚书兼东阁大学士史可法顿首谨启大清国摄政王殿下：南中向接好音，法随遣使问讯吴大将军，未敢遽通左右，非委隆谊于草莽也，诚以大夫无私交，《春秋》之义。今倥偬之际，忽捧琬琰之章，真不啻从天而降也。讽读再三，殷殷致意。若以逆成尚稽天讨，为贵国忧，法且感且愧。惧左右不察，谓南中臣民偷安江左，顿亡君父之仇，故为殿下一详陈之。我大行皇帝敬天法祖，勤政爱民，真尧舜之主也。以庸臣误国，致有三月十九日之事。法待罪南枢，救援无及，师次淮上，凶闻遂来，地坼天崩，川枯海竭。嗟乎，人孰无君，虽肆法于市朝，以为泄泄者之戒，亦奚足谢先帝于地下哉！尔时南中臣民哀痛，如丧考妣，无不抚膺切齿，欲悉东南之甲，立剪凶仇。而二三老臣，谓国破君亡，宗社为重，相与迎立今上，以系中外之心。今上非他，即神宗之孙、光宗犹子，而大行皇帝之兄也。名正言顺，天与人归。五月朔日，驾临南都，万姓夹道欢呼，声闻数里。群臣劝进，今上悲不自胜，让再让三，仅允监国。迨臣民伏阙屡请，始于十五日正位南都。从前凤集河清，瑞应非一。即告庙之日，紫云如盖，祝文升霄，万目共瞻，欣传盛事。大江涌出柟梓数万，助修宫殿，是岂非天意哉！越数日，即令法视师江北，刻日西征。忽传我大将军吴三桂假兵贵国，破走逆成。殿下入都，为我先帝、后发丧成礼，扫清宫阙，抚戢群黎，且免剃发之令，示不忘本朝。此等举动，震古烁今，凡为大明臣子，无不长跽北向，顶礼加额，岂但如明谕所云感恩图报已乎！谨于八月，薄治筐篚，遣使犒师，兼欲请命鸿裁，连兵西讨。是以王师既发，复次江淮。乃辱明诲，引《春秋》大义来相诘责。善哉言乎！然此文为列国君薨，世子应立，有贼未讨，不忍死其君者立说耳。若夫天下共主，身殉社稷，青宫皇子，惨变非常，而犹拘牵不即位之文，坐昧大一统之义，中原鼎沸，仓卒出师，将何以维系人心，号召忠义，紫阳《纲目》踵事《春秋》，其间特书如莽移汉鼎，光武中兴；丕废山阳，昭烈践祚；怀、愍亡国，晋元嗣基；徽、钦蒙尘，宋高缵统，是皆于国仇未剪之日，亟正位号，《纲目》未尝斥为自立，卒以正统予之。至如玄宗幸蜀，太子即位灵武，议者疵之，亦未尝不许以行权，幸其光复旧物也。本朝传世十六，正统相承，自治冠带之族，继绝存亡，仁恩遐被。贵国昔在先朝，夙膺封号，载在盟府。后以小人构衅，致启兵端，先帝深痛疾之，旋加诛僇，此殿下所知也。今痛心本朝之难，驱除乱逆，可谓大义复著于《春秋》矣。若乘我国运中微，一旦视同割据，转欲移师东下，而以前导命元凶，义利兼收，恩仇倏忽，奖乱贼而长寇仇，此不唯孤本朝借力复仇之心，亦甚违殿下仗义扶危之初志矣。昔契丹和宋，止岁输以金缯；回纥助唐，原不利其土地。况贵国笃念世好，兵以义动，万代瞻仰，在此一举。若乃乘我蒙难，弃好崇仇，规此幅员，为德不卒，是以义始而以利终，贻贼人窃笑也，贵国岂其然欤？往者先帝轸念潢池，不忍尽戮，剿抚并用，贻误至今。今上天纵英明，刻刻以复仇为念。庙堂之上，和衷体国；介胄之士，饮泣枕戈；人怀忠义，愿为国死。窃以为天亡逆闯，当不越于斯时矣。语云："树德务滋，除恶务尽。"今逆成未伏天诛，谍知卷土西秦，方图报复。此不独本朝不共戴天之恨，抑亦贵国除恶未尽之忧。伏乞坚同仇之谊，全始终之德，合师进讨，问罪秦中，共枭逆成之头，以泄敷天之愤。则贵国义闻，照耀千秋，本朝图报，唯力是视。从此两国世通盟好，传之无穷，不亦休乎！至于牛耳之盟，则本朝使臣久已在道，不日抵燕，奉盘盂以从事矣。法北望陵庙，无涕可挥，身陷大戮，罪当万死。所以不即从先帝于地下者，实为社稷之故。传曰："竭股肱之力，继之以忠贞。"法处今日，鞠躬致命，克尽臣节而已。即日奖帅三军，长驱渡河，以穷狐鼠之窟，光复神州，以报今上及大行皇帝之恩。贵国即有他命，弗敢与闻。唯殿下实明鉴之。

冲冠一怒为红颜

李自成自西安东犯，太原、宁武、大同皆陷，又分兵破真定。庄烈帝封三桂平西伯，并起襄提督京营，征三桂入卫。……而自成已以乙巳破明都，遣降将唐通、白广恩将兵东攻滦州。三桂击破之，降其兵八千，引兵还保山海关。自成胁襄以书招之，令通以银四万犒师，遣别将率二万人代三桂守关。三桂引兵西，至滦州，闻其妾陈为自成将刘宗敏掠去，怒，还击破自成所遣守关将；遣副将杨珅、游击郭云龙上书睿亲王乞师。王方西征，次翁后，三桂使至，明日，进次西拉塔拉，报三桂书，许之。

自成闻三桂兵起，自将二十万人以东……距山海关十里。三桂遣逻卒报自成将唐通出边立营，王遣兵攻之，战于一片石，通败走。又明日……三桂先与自成兵战，力斗数十合。及午，大风尘起，咫尺莫能辨，师噪风止。武英郡王阿济格、豫郡王多铎以二万骑自三桂阵右突入，腾跃摧陷。……自成兵夺气，奔溃。逐北四十里，即日王承制进三桂爵平西王，分马步兵各万隶焉，令前驱逐自成。

……封三桂为平西王，以马步军一万隶之，直趋燕京。誓诸将勿杀不辜、掠财物、焚庐舍，不如约者罪之。谕官民以取残不杀之意，民大悦，窜匿山谷者争还乡里迎降。大军所过州县及沿边将吏皆开门款附。①

公元1644年三月二十五日，李自成攻陷北京，崇祯缢死煤山，明亡。

此时山海关守将是平西伯吴三桂，李自成当他如一般明军，派唐通、白广恩两人前去夺山海关，谁知这吴三桂在此咽喉处与清军对峙多年，手下的十数万宁远铁骑，岂是李自成寻常遇见的明军可以比的，于是不免闹个灰头土脸。李自成一看势头不对便马上作书招降。

其实关外的清王朝早在崇祯十五年（1642）四月就开始招降吴三桂了。皇太极曾经致书以其舅祖大寿等人“因系将军之戚”所以厚待为语，要他归顺。前后又命三桂之兄吴三凤及祖大乐、祖可法、张存仁、裴国珍、胡弘先、姜新、陈邦选等以亲友之关系，纷纷作书极力劝说其降清。到十月，皇太极再次亲自写信招降吴三桂，同时又命祖大寿写信给吴三桂继续诱降。次年正月，吴三桂在给祖大寿的回信中拒绝大清招降，于是皇太极再次亲书要他归顺，吴三桂始终没有松口。

而吴三桂在接到李自成的招降书后，却立刻同意臣服李自

---

① 《清史稿》。

成，在将山海关移交给唐通后，率领全军向滦州开拔。途中还在永平府的安民告示中道：

> 本镇率所部朝见新主，所过秋毫无犯，尔民不必惊恐。

一派欣然的样子，看上去似乎大局已定，再无什么变数了。

哪知道就在吴三桂走到河北玉田县快到北京的时候，却突然听说自己的老父亲及全家被杀，爱妾陈圆圆更是被李自成的心腹刘宗敏抢去做了小妾，另外还有一种说法是落入了李自成的手里。不过不管是落在谁手上，只说如若吴三桂的这口气就此咽了下去，父仇不共戴天，夺妻又是大辱，正好似昔年屠户张飞所言："人取汝妻，而为之长，乃蚩蚩若是邪！"想来但只要是个男儿家，任谁也不能罢休的。所以这一下他不由怒从心头起，恶自胆边生，大喝一声："大丈夫不能自保其室，何生为！"然后回军一阵杀败唐通等人，又夺回了山海关。大诗人吴梅村因此做了一首《圆圆曲》，里面有一句"冲冠一怒为红颜"从此流传天下。

再说李自成如果这个时候把陈圆圆还与吴三桂，把吴三桂捏在手里去好生开解，虽然未必吴三桂就会罢休，但总还有个商量的余地。却不知道到底是陈圆圆实在迷人，还是李自成自觉天下无敌，亦或者是御下无方，总之是不但没有还，还点起了大军亲自前来"讨伐不义"，若我是吴梅村，定然会在此刻照样也免费赠他一句"冲冠一怒为红颜"。

四月十八日，二十余万大顺军兵临山海关，随即以红夷大炮炮轰九龙口，眼看那山海关是岌岌可危。

然而四月二十四日多尔衮率十余万清兵至，与三桂兵合力先击败唐通，五月二十八日进抵山海关，吴三桂亲赴清营，与多尔衮拜天盟誓。

五月三十日两军决战一片石，当日吴三桂死战数十合，最后清军突然自侧翼出现，于是李自成于一片石全军溃走北京，六月三日即位于武英殿，次日撤出北京西走。

大清的辫子兵自此入关转战中原，等后来坐了天下，吴三桂此种"冲冠一怒为红颜"乞师于清的行为，遂被人民一致定性为出卖明王朝行为，并决定称其为"大汉奸"吴三桂。

看到此处，不免为明朝之积弱和李自成的弱智一叹。

转念想想，中国历史上似乎中原一向不太打得过少数民族兵马，所以向少数民族借兵者不计其数。

五代的石敬瑭就不用说了，这个儿皇帝实在太出名。其他如隋唐时期向突厥借兵的，就有"窦建德、薛举、刘武周、梁师都、李轨、王世充等崛起虎视，悉臣尊之"等记载……按照教科书上说，他们都是封建割据势力头目。

再仔细一想，想起皇帝中也还有一个，就是号称我们中国历史上最强盛的大唐开国皇帝李渊，也是靠了向突厥称臣借兵起家的，但是似乎并无人称他是"汉奸"，李渊虽然有胡人血统，但是不会有人说唐朝不是汉人王朝吧。因此我想，不妨把他拿来和那"大汉奸"吴三桂比较一下，看看为什么一个是明君，一个是"汉奸"，也好以史为鉴，向明君学点本事长进一下。

这李渊本是大隋的外戚，《新唐书》："隋文帝独孤皇后，高祖之从母也。"以故文帝与高祖相亲爱，也就是说，他是大隋朝的娘家人。当时他在太原防备突厥人，因为兵出无功，隋炀帝遣使者来要李渊去江都叙职，李渊大惧，已而炀帝复驰使者赦止，其事遂终。隋炀帝又哪知道这一下，实际是捅了个马蜂窝。

那李渊自此便恐惧起来，又看看天下流寇蜂起，终于也决定起兵反隋，也就是打自己祖母的娘家人，说句老实话，这一下我是不大看得起的。

想那吴三桂，由洪承畴统领与清作战，洪承畴兵败降清，老父亲又被下了大狱，大清皇帝亲自作书招降，外加自己亲友从舅舅到哥哥等都一起来劝降，尤其他舅舅祖大寿，可是赫赫有名的悍将，也一样降了请，但吴三桂全部一口回绝。

当时大明天下和隋末一样，也是流寇蜂起，如李自成、张献忠等，这个时候他吴三桂却没有一丝一毫想要起兵去打大明朝的念头，反而是继续坚守在宁远与清军的铁骑对峙。

而吴三桂却并不是大明朝的娘家人，他和李渊不一样，他只是一个普通臣子，由此看来，李渊脑子里的君臣家庭观念只怕是远不如吴三桂的。

再说李渊日夜谋划准备起兵，只是想来想去，觉得自己的兵力只怕大大不够，于是就派他的亲信、司马刘文静前往突厥始毕可汗处称臣，乞突厥大军东向，并许愿："愿与突厥共定京师，金币、子女尽以归可汗。"当下始毕可汗即遣其柱国康鞘利、级失、热寒、特勤、达官大队将帅带兵马向太原开拔。在知道突厥发兵后，李渊对回来报喜的刘文静"喜曰：'非君何以致之？'"①然后马上树起白旗发兵征隋：

---

① 《新唐书·刘文静列传》。

康鞘利将至，军司以兵起甲子之日，又符谶尚白，请建武王所执白旗，以示突厥。[1]

要知道当时隋朝的旗帜是红色，突厥可汗的标志则是白色旗上加挂狼头纛。李渊这个时候挂的是白底不加狼头纛的旗帜，所以李渊这个"建武王所执白旗，以示突厥"的举动，到底想表示的是什么意思，倒也是值得再和诸位大大商榷一回的。

然后看诸书，都说李渊后来深虑突厥凶暴，所以如何如何地想办法不让他们为害等，总之说了不少这样的话，意思无非是说因为李渊，突厥人才没有残害中原百姓。只是全部这些在这一句"愿与突厥共定京师，金币、子女尽以归可汗"面前，却都等于是白说，那李渊分明一早就已经把中原的百姓和金银都提前拿去送与了突厥大汗的。

另外还一再地有人说，李渊并没有称臣突厥，仅仅只是借兵，这个在史书上写得很明白。

这话原也不错，不管在新、旧唐书的高祖本纪里，的确都是这样说的。但是让我们来看他儿子，那个英明神武的唐太宗李世民又是怎么说的。在他当上皇帝并派大将李靖征突厥，等闻说唐军大破突厥以后，他喜不自禁之下，脱口而出的一句话乃是："往者国家草创，突厥强梁，太上皇以百姓之故，称臣于突厥。"[2] 这一下终于不免露出了马脚。大家也可以从这里去充分地理解一下，中国历史上所谓的"为尊者讳"是什么

① 《大唐创业起居注》。

② 《旧唐书·李靖列传》，另《贞观政要·任贤第三》：太宗大悦，顾谓侍臣曰：朕闻主忧臣辱，主辱臣死。往者国家草创，突厥强梁，太上皇以百姓之故，称臣于颉利……

意思。

聪明的唐太宗不是没想到这些，所以在唐开国以后，他曾经多次去视察史书创作小组，也几次亲自指导史书创作小组的创作方向，但此类小小的马脚实在是太多了些，不能尽掩。当然这个也可说明唐太宗在文艺创作方面的专业程度实在是很不够的，毛主席因此曾说了他一句“唐宗宋祖，稍逊风骚”，我猜想大约是说他只会打仗、文化不够，所以才会被那些文化人暗中阴了一把，不过这个却是题外话了。

所以总结起来，李渊向突厥称臣的这一招，在我看来，又是他大大不如吴三桂的地方。因为吴三桂借清兵入关，先与清军的约定就是“誓诸将勿杀不辜、掠财物、焚庐舍，不如约者罪之”，比诸李渊为了求突厥出兵，还没等突厥人来就先称臣不说，还预先许愿将中原的子女、金帛一次性大优惠全部送给了始毕可汗的举动，强了不知道多少。

清兵入关后杀戮最酷烈者为扬州十日、嘉定三屠等数起，前后时间不过几年，城池不过几座，而突厥兵自李渊称臣起，屠戮中原城塞却何止数十，时间更长达十数年之久。李渊、李世民那个时候非但眼看着不出声，还每年送给他们无数钱财，甚至在始毕可汗死的时候，还要废朝三日并再送去无数钱财，以示臣下李家人对突厥始毕可汗的尊敬和哀思。就这点来看，李渊与吴三桂相去只怕不可以道里计。

再接下去要说的是，吴三桂在李自成攻陷北京、崇祯缢死煤山，大明亡后，首先归顺了李自成，并没有马上自己去做皇帝或者是直接降了大清。

他在归顺李自成并移交了山海关后，就率部向北京开拔。但李自成或者李自成手下却在这个时候奸淫了他心爱的女人。

事发之日，大明朝是早已没了的，他吴三桂又是李自成的部下，所以就算他有心想要找个地方申诉也没地儿去找，成了个谁也不要、谁也不管的无主游魂。紧接着李自成又亲率二十来万大顺军兵临城下，眼见得身家性命不保，在这种情况下，总不成还一定要吴三桂伸出脑袋去，让奸淫他老婆的人对准他的脖子再来上一刀，才能说他不是“汉奸”吧？我想这个只怕是无人能做得到的，谁要是说可以做到，那只管跳将出来理论一番。因此吴三桂悬在山海关的孤军，除了死路之外，也就只剩了向大清借兵这一条路，说白了就是李自成逼得他找大清借兵，所以我说李自成是个弱智。

且再看李渊称臣乞师突厥的时候，那隋炀帝却还是好好活着的，大隋朝也在，也没人逼得他李渊不得不反，但是李渊还是先立了一个隋恭帝做傀儡，然后就起兵造反了，只是过不了几天终于还是耐不住性子，把那个傀儡皇帝拉了下来，自己爬上了皇帝的龙椅。也就是说，李渊只是因为自个想当皇帝，才去向突厥大汗称臣、借兵，没什么人逼得他非这样做不可。

这一番比较下来，吴三桂又是大大好过了李渊，至少他是大明朝的忠臣良将，李渊却是大隋朝的逆臣反贼。吴三桂是明朝先亡，然后归顺汉人李自成，最后为李自成逼到走投无路，这才去借了大清的兵；而李渊却是隋朝尚在，他只是为了自己做皇帝，就暗地里先向突厥借好了兵造反打隋朝不说，还不惜事先就把中原的子女、金帛一次性都许愿送给了突厥大汗。所以照此看来，吴三桂的确是比李渊强上许多的。

我要再这样说下去，只怕就有人会和我提起吴三桂追杀前明遗孤那档子事情来了。那我只好说，李渊不也是一样，看看那个已经嫁到突厥的隋朝义成公主，曾经靠自己的大汗老婆的身份解了隋炀帝的雁门关之围，就这样一个隋朝女儿家遗孤，还不是照样在被大唐天朝的军队活捉后再拉出去斩了首。不过李渊是义成公主的娘家人，而吴三桂却不是前明遗孤的娘家人，所以要说心狠手辣，他与李渊还是差远了的。

所以当吴三桂后来举起反清复明的旗号起兵反清，以他的宁远铁骑以及前明的几个猛将横扫半个中国的时候，发现没什么人响应不说，居然连帮着大清来打他的将军里也大约有一半是汉人，想来他心里定然是极其沮丧和不忿的。和李渊比起来，李渊哪一点都比他做得更过分，为什么李渊就做了皇帝成了明君，而他吴三桂就是“汉奸”？于是他临死前终于也做了一把皇帝。

其实这吴三桂差就差在他最后没打赢大清朝，如果最后他打赢了并坐了天下，或者打赢了却不是他坐天下，但只要是个汉人坐了天下，他就决计不会被贴上“汉奸”的标签。甚至他都不用和唐太宗一样，要经常去指导史书创作小组的文艺创作活动，只光是吴梅村的一句“冲冠一怒为红颜”，就足够让他的所作所为成为一段千古佳话。现在倒好，只是棋差一着，就成了个“大汉奸”，而李渊却成了千古明君。

吴三桂应该为他没有一个和李世民一样能干的儿子而悲哀，李渊之所以向突厥称臣、乞师，并一次性优惠提前卖了中原儿女和金帛，最后没有被称为“汉奸”反成了一个明君，其原因是他当了皇帝，并且最后靠着他那英明神武的儿子李世民又打退了突厥；而吴三桂之所以一样向清称臣、乞师，后来虽然也一样称了皇帝，但是却成了个“汉奸”，是因为他最后没有打赢大清，如果他打赢了大清，那么试问又有谁可以说他是个“汉奸”？

自来读吴梅村的《圆圆曲》，每次都要为之一叹，在我眼里，无论吴三桂是怎么样的“汉奸”，这“冲冠一怒为红颜”如果单纯地拎出来看，却始终是一段千古佳话。“汉奸”归“汉奸”，“汉奸”也是人，也是有爱情的。有很多人一直以来喋喋不休地说，吴三桂是为了当官、为了当儿皇帝才降的清，根本不是为了陈圆圆，甚至有一些名家名人为了说明这个观点，不惜歪批历史来证明陈圆圆不在北京而是在宁远，并且一早就死了。只可惜吴三桂手下大小官吏们留下的笔记与书信，都证明了她在云南还是活着的，历史终究是历史，不会因为人的意志而改变。

所以我要骂几句，骂那些说吴三桂早就想降清或者说他降清只是为了当儿皇帝、为了当大官的人，无疑是烧坏了脑子。因为只要是有脑子的人稍微想想就应该明白，这是胡扯。他吴三桂要是一早有这个心，就不会两年来一直拒绝大清一而再再而三地高官厚禄的招降，而李自成却只是一封信，他就马上归顺了大顺朝；他也不会先把山海关移交出去断了自己后路，然后等到自己大队人马走到了现在的丰润，再杀回身去恶战一场，强攻大顺军夺回山海关；更不会等到李自成兵临城下，红衣大炮轰得满地开花才去找大清求援，这几乎等于是白痴行为。要这样，他干脆直接一开始就降了清不是更好更安全，也不用这样来来去去地奔波恶战，还要被李自成扛着这许多红夷大炮来炮轰九门，然后孤军高悬地在山海关苦撑十几天，差点把性命都搭进去。

吴三桂就是因为陈圆圆这个导火索被点着了才做了“汉奸”。

陈圆圆当然不是罪人，一介弱质女流无力地被命运所摆布着，她是这里面唯一真正的可怜人儿，吴梅村说得好："妻子岂应关大计？"真正糊涂透顶的罪人是李自成，生生地逼反了一员虎将，自己用女人加大炮把国门轰出了个天大的窟窿，大明朝在他手里真可叹上一句："时无英雄，使竖子成名。"吴三桂是"汉奸"没错，但在我眼里，他还是个甘愿为爱妻做"汉奸"的血性汉子，性情中人，"冲冠一怒为红颜"真是绝好注脚。

附　录

吴梅村《圆圆曲》

鼎湖当日弃人间，破敌收京下玉关。
恸哭六军皆缟素，冲冠一怒为红颜。
红颜流落非吾恋，逆贼天亡自荒宴。
电扫黄巾定黑山，哭罢君亲再相见。
相见初经田窦家，侯门歌舞出如花。
许将戚里箜篌伎，等取将军油壁车。
家本姑苏浣花里，圆圆小字娇罗绮。
梦向夫差苑里游，宫娥拥入君王起。
前身合是采莲人，门前一片横塘水。
横塘双桨去如飞，何处豪家强载归？
此际岂知非薄命？此时唯有泪沾衣。
薰天意气连宫掖，明眸皓齿无人惜。
夺归永巷闭良家，教就新声倾坐客。
坐客飞觞红日暮，一曲哀弦向谁诉？

白皙通侯最少年，拣取花枝屡回顾。
早携娇鸟出樊笼，待得银河几时渡？
恨杀军书底死催，苦留后约将人误。
相约恩深相见难，一朝蚁贼满长安。
可怜思妇楼头柳，认作天边粉絮看。
遍索绿珠围内第，强呼绛树出雕栏，
若非壮士全师胜，争得蛾眉匹马还？
蛾眉马上传呼进，云鬟不整惊魂定。
蜡炬迎来在战场。啼妆满面残红印。
专征箫鼓向秦川，金牛道上车千乘。
斜谷云深起画楼，散关日落开妆镜。
传来消息满江乡，乌桕红经十度霜。
教曲技师怜尚在，浣纱女伴忆同行。
旧巢共是衔泥燕，飞上枝头变凤凰，
长向尊前悲老大，有人夫婿擅侯王。
当时只受声名累，贵戚名豪竞延致。
一斛明珠万斛愁，关山漂泊腰肢细。
错怨狂风飏落花，无边春色来天地。
尝闻倾国与倾城，翻使周郎受重名。
妻子岂应关大计？英雄无奈是多情。
全家白骨成尘土，一代红妆照汗青。
君不见，
馆娃初起鸳鸯宿，越女如花看不足，
香径尘生鸟自啼，屧廊人去苔空绿。
换羽移宫万里愁，珠歌翠舞古梁州。
为君别唱吴宫曲，汉水东南日夜流。

司马相如的清高

看太史公的《史记》，文字激扬，诚为无韵之诗；后来班固之《汉书》，虽激情稍减，然严谨、简洁有加，为后世官史之楷模。

太史公写有名的才子司马相如事，是《史记》中的一个名篇。

据太史公书，相如作为梁孝王的门客，在梁孝王死后归家，因家贫无以自立，他的好友临邛令王吉邀请他前往，于是相如到临邛。

那王吉对他非常恭敬，每天去拜见相如，而相如一开始还见他，后来则频频称病，干脆叫仆人回绝了事，只是那王吉却对他愈加地恭敬。由此可以知道，此刻的司马相如虽然寄人篱下，然而傲气却一分不减，可称人穷志不短。

从这里开始，一些有趣的事情开始发生了。

在临邛有很多富贵人家，其中卓王孙家中有僮仆八百，另一人程郑家亦有数百人，一日两人商量道：县令有贵客，我们应该招待一下。

于是乎二人“并召令”。此处这个“召”字用得极妙。作为两个土豪，再怎么有钱，也应该是请县令，然而却说是“召”，由此我们可以想见这二人大约不但钱多，势力恐怕也不小，因此不太把县太爷放在眼里，可以去“召”本县的父母官来吃饭，而招待的主角还不是县令本人。

据说那天的客人以百数，只是到了日中，作为主角的司马相如还没有来，并且还着人来推说自己病了因此不能前去。这下让那临邛令大为着急，估计他那时候已经饿得前胸贴后背了，但看着两个大土豪的面孔却是不敢动一筷饭菜，于是大约为了自己的肚子着想，他只能快快地前去，想法子把司马相如给弄到现场才好。

太史公接下去是这样描写相如去做客这一段的：

“相如不得已，强往，一坐尽倾。”

而到了班固手上，这一节基本没作什么大的改动，只是一向以简练行文的他，在此处却相反多加了一个字，是为：

> 相如为不得已而强往，一坐尽倾。

此处的“为”通“伪”，也就是“相如伪不得已而强往”，只此一字之差，顿时令泰山崩塌于前。

看司马相如先前对好友县令的态度，可以说不只是高傲，甚至有些桀骜无礼，所以很容易就能显出他人虽贫而傲气愈甚的气势。然而此刻却说他是“伪”不得已前往，也就是说其实他心里是愿意的。这样一来，司马相如的“清高”就大大的成问题了。

到底司马相如是怎样呢？且再看看太史公的文章。

> 相如不得已，强往，一坐尽倾。酒酣，临邛令前奏琴曰：“窃闻长卿好之，原以自娱。”相如辞谢，为鼓一再行。是时卓王孙有女文君新寡，好音，故相如缪与令相重，而以琴心挑之。相如之临邛，从车骑，雍容闲雅甚都；及饮卓氏，弄琴，文君窃从户窥之，心悦而好之，恐不得当也。

看完这节，就可以知道司马相如其实是早知道“卓王孙有女文君新寡”，而且“好音”的，“故相如缪与令相重，而以琴心挑之”。由此可见，班固说司马相如“伪”不得已而强往，并没有冤枉他。另外一个证据就是他如果真的不得已，那么完全没必要在奏琴之时“为鼓一再行”，弹一曲应付应付也就罢了，何必要再接着连奏二三曲呢。

关键是这“为鼓一再行”的结果，乃是卓文君终于为相如的琴音和“雍容闲雅”的风姿所动，“心悦而好之”。但作为一个新近才守寡的寡妇，又加上司马相如那“清高”的名声，却让她内心担忧“恐不得当”。

哪知道这个时候司马相如却用重金买通卓府下人，主动来通“殷勤”。想当然这一来卓文君必定是喜出望外，于是马上连夜“亡奔”相如，和相如一起逃去了成都。

再接下去的事情是到了成都后，卓文君发现司马相如“家居徒四壁立”。而她老爹卓王孙大怒曰：“女至不材，我不忍杀，不分一钱也。”人或谓王孙，王孙终不听。

卓文君一下从家财万贯的富家妇成了家徒四壁的贫妇，久之不乐是正常的。她的想法是父亲不给钱，也许是气她私奔丢了面子，那么向兄弟叔伯借钱，那些兄弟叔伯想来不会像他老子那样没台阶下而不借，而她一旦借了想来老子自然还是会替她还的，那不是一样吗？

当下夫妇二人收拾一下又回了临邛。

哪知道到了临邛，相如却没有按照卓文君的办法行事，而是把车骑卖了，开起了酒馆，不但如此，又命令文君去做酒娘，自己却穿了犊鼻裤去和酒保一起在铺面里打杂。

> （文君）久之不乐，曰："长卿第俱如临邛，从昆弟假贷犹足为生，何至自苦如此！"相如与俱之临邛，尽卖其车骑，买一酒舍酤酒，而令文君当垆。相如身自著犊鼻裈，与保庸杂作，涤器于市中。卓王孙闻而耻之，为杜门不出。昆弟诸公更谓王孙曰："有一男两女，所不足者非财也。今文君已失身于司马长卿，长卿故倦游，虽贫，其人材足依也，且又令客，独奈何相辱如此！"卓王孙不得已，分予文君僮百人，钱百万，及其嫁时衣被财物。文君乃与相如归成都，买田宅，为富人。

这一来令卓王孙的宝贝女儿干起了粗活，女婿给人呼来喝去的，让卓王孙更没了面子。所以到最后不管是卓王孙心疼女儿也好，还是要面子也好，总之是"不得已"地屈服了，乖乖地给了司马相如百万钱，还贴上了无数僮仆，大约是怕了司马相如，唯恐有天再要他女儿去干粗活吧。于是司马相如揣了钱带了人浩浩荡荡地回了成都，"买田宅，为富人”。

其实司马相如完全可以不让卓文君当酒娘的，按照卓文君的办法，度日是绝无问题，倘若他司马相如真是安于清贫，愈贫愈傲，又何必巴巴地赶回临邛去开酒馆，成都也一样可以开，再者，他真要爱文君，哪会舍得让从未挨过苦的她去抛头露面。而就算开酒馆，那也未必非要文君做酒娘才成，加上卓文君大约从小就是娇生惯养的，想想也知道服务好不到哪里去，难道不怕得罪客人么？

回头看看他钱一旦到手，照单全收，全不嫌多，马上就赶回成都去，又是买田又是买房做富家翁享受起来了，就知道他这个去临邛开酒馆的招数，摆明就是以让卓文君抛头露面吃苦受累做筹码向卓王孙要钱的。

而他自己什么不好做，偏要穿上犊鼻裈做酒保被人差遣，保不定还经常因为卓文君服务不好被人骂，他要是真的“傲气”，又哪里受得住做酒保给人呼来喝去？好歹他也是个文化人，收银、记账、买菜总是没问题的吧，所以这说白了是做给卓王孙看的，就是存心要扫卓王孙的面子。

说句老实话，我觉得司马相如可真够阴狠的，他的这份“清高”怕是没几个人能消受得起的。

另外，司马相如是不是真的对文君本人倾心爱慕，有什么爱情，只恐怕亦是未可知之数。其一，他与文君在去卓府前从未谋面且相交甚短，文君既然窥琴悦之，则可知二人早先并不相识，也可知司马相如在花重金买通文君仆人，与文君“通殷勤”前都未见过文君。其二，窥琴之后，是相如主动买通文君仆人与之“通殷勤”，说明去之前相如早就有这个打算，不然无由他尚未见过文君才貌如何，便去钻营亲近的，这也又一次反证他去卓府的确是如班固所言一样，乃“伪”不得已，不是真的不得已。其三乃是在司马相如发迹后，纵情声色，最后欲纳一茂陵女子为妾，卓文君终于忍无可忍，作《白头吟》一首，附书决绝曰：

> 春华竞芳，五色凌素，琴尚在御，而新声代故！锦水有鸳，汉宫有水，彼物而新，嗟世之人兮，瞀于淫而不悟！朱弦断，明镜缺，朝露晞，芳时歇，白头吟，伤离别，努力加餐勿念妾，锦水汤汤，与君长诀！

司马相如接书惶恐之下，遂不敢再起纳妾之念。

由此可见，司马相如追求文君之事，除却钱财之后还有多少真正的爱情成分在内，是大可以质疑一番的。

只可惜“文君卖酒”后来却居然成了一段“才子佳人”追求爱情的千古佳话，成了追求自由恋爱的典范。以我想来，恐怕文君自己未必会做如是想，她倒是可能对司马相如“雍容闲雅”的风姿和他这个才子的“才”，有着最深刻的切身体会吧。

论韩愈的出仕观对其行为及学术思想之影响及其他

韩愈（768—824），字退之，号昌黎，河北昌黎人①，唐德宗贞观八年（792）进士，历任监察御史、阳山令、潮州刺史、

① 关于韩愈的祖籍国内史学界一直有争议。一说为河南省孟州，一说为河北省昌黎县，还有一说是辽宁省义县。《辞海》说韩愈之所以称“韩昌黎”，是因为辽宁省义县的“昌黎”在唐代时为韩氏郡望。近代讨论这个问题的有孙百急的《韩愈的籍贯问题》，赵毓英的《韩愈乡里辨略》，孙醒的《关于韩愈的籍贯问题》，宋海军的《韩文公家乡考》，洪流的《韩愈的籍贯考》，刘峰的《韩愈故里与韩愈墓》，李会典、和富兴的《韩文公河阳人辨》，彭功智的《韩愈籍贯考析》，傅全纯、纪思的《韩愈郡望考》等，不过均无实质性的突破，且大都同意韩愈的籍贯应为河阳也即今河南孟县的说法。

据中新社肖英杰、张凤民石家庄电，在河北省昌黎县荒佃庄乡韩营村发现《韩氏家谱》，证实韩愈祖籍在该县。新发现的这本《韩氏家谱》的序言写道，韩愈的本源之地是现在的河北省昌黎县，但因其上几代先人都埋葬在河南省，于是他归柩河南，但其子孙依然留在昌黎。明朝的翟銮在《重修韩文公祠堂碑记》中也写道，韩愈的高祖以上先人实葬于现今的昌黎县，祠堂也建在昌黎县。明朝时昌黎境内曾修建两座韩文公祠，一座在县城里，一座在县城北三公里的五峰山上，后均因自然原因而毁坏。

据考证，这本新近发现的《韩氏家谱》是韩愈的第三十三世孙韩连仲第七次重修的原本。

兵部侍郎、刑部侍郎、吏部侍郎、京兆尹等职。长庆四年(824)十二月卒，赠礼部尚书，谥曰文。

韩愈主张辟佛兴儒，是唐代儒学及文风复古运动的倡导者，其“文以载道”的主张影响巨大。他提倡三代两汉散文，用散文代替骈文，在文学形式上则力主创新，对后世散文的影响尤其深远，“桐城派”便是继承了他的衣钵。同时他的诗歌因风格险怪，也被誉为“以文为诗”，与孟郊、贾岛等人自成一派，史称“韩孟诗派”，有门人辑的《昌黎先生集》传世，后世称他有“文起八代之衰”之功劳。因为他谥号“文”，故又被尊称为“韩文公”，是中国文学史上著名的“唐宋八大家”之一。

翻开中国诸多的思想史、文学史，对韩愈的评价可基本归纳为三点：

第一，其人“操行坚正，鲠言无所忌”①，铁骨铮铮敢于直谏，不畏权贵，为天下所重。

第二，他对佛、道两教所持的批判态度，以及倡导儒学使之再次发扬光大的重要作用。

第三，提倡古文，尤其是三代两汉的散文，一改自南朝以来骈骊文体的绮靡之风。

韩愈之所以能在后世有如此之高的声誉和评价，不能不首先归功于苏轼和欧阳修二人，尤其是苏轼起了极大的作用。

应该说，自他在世期间至北宋之前，韩愈的文章、事迹都是不像现在那样被世人所推崇的，不然也就轮不到欧阳修从“蔽筐”里发现那六卷破烂散脱的手稿了。后来苏轼的一篇《潮州韩文公庙碑》，则开始真正把他推到了中国文学史、思想

---

① 《斩韩书》。

史上一个崇高的地位：

> 自东汉以来，道丧文弊，异端并起。历唐贞观、开元之盛，辅以房、杜、姚、宋而不能救。独韩文公起布衣，谈笑而麾之，天下靡然从公，复归于正，盖三百年于此矣。文起八代之衰，道济天下之溺。忠犯人主之怒，而勇夺三军之帅。此岂非参天地，关盛衰，浩然而独存者乎？

在这里，苏轼将他许为秦汉以来“文”、“道”之继承和复兴的领袖人物；而欧阳修也在《新唐书》中韩愈的列传里评价他说：“昔孟轲拒杨、墨，去孔子才二百年。愈排二家，乃去千余岁，拨衰反正，功与齐而力倍之，所以过况、雄为不少矣。”

不过在这些赞语里面，只怕有不少是不实的溢美之词，尤其是“道济天下之溺”、“乃去千余岁，拨衰反正，功与齐而力倍之，所以过况、雄为不少矣”等赞语，着实是有点过头的。而这些并不单单只是欧阳修、苏轼等人对韩愈的推崇之语，韩愈本人亦作如是想。他曾经编撰了这样的道统传承渊源：“尧以是传之舜，舜以是传之禹，禹以是传之汤，汤以是传之文武周公，文武周公传之孔子，孔子传之孟轲，轲之死不得其传焉。”其言下之意，这等“先王之道”于孟子之后已然再无传人，到他这里又再次被力倡并发扬光大，那他自然理所当然就是接班人了。

儒学一道，孔、孟之后，自有荀况继之。其两大弟子韩非、李斯博采众长，以法家治国扫天下，此论当无可疑。而秦汉以降则应首推董、扬二人。董仲舒创“性好情恶”之性三品说，使武帝“罢黜百家，独尊儒术”，确立了在此后历代中原帝国都把儒学奉为国学的无可动摇的地位；扬雄则继《论语》而作《法言》，立善恶俱有论，此皆不世之功。而韩愈的性三品说，则明显胎出董说而非其首创，因此无论是在对儒学的政治地位巩固，还是在对学术的发扬光大两方面，想要在政治、学术上跳过乃至盖过荀况、董仲舒、扬雄等人，直接去当孔孟之后千余年来的第一位接班人，这恐怕是不太可能的。

后世人推重其才华，加之中华文明五千年来的传统也是一向不吝啬过誉之词的，所以欧阳修、苏轼拍上去的那几下，尚有可宥之处，可韩愈作为堂堂“文起八代之衰”的一代文公、唐宋八大家之一，也翩翩然地自诩若此，就不免有点不明事理乃至不自量力了。

不过要是联系关于韩愈的一些历史记载，以及他自己在诗、文中真实流露的一些思想及其为人行事，那么，也许就能明白他一生中许多难以理解的举动之根源了。

一、韩愈的身世及出仕观对他一生行为之影响

韩愈出身于一个官宦世家，其高祖、曾祖、祖、父都做过官。韩愈一共兄弟三人，长兄会，次兄介，介早逝，韩愈“三岁而孤”养于长兄韩会处。后韩会又卒，韩愈遂由其寡嫂抚养成人，早年的生活状况颇为艰苦，他在《祭郑夫人文》中道：“就食江南，零丁孤苦。”后来到十九岁去京师应举求官的十年间也是“饥不得食，寒不得衣”、“无僦屋赁仆之资”。可见他

虽出身官宦世家，然家道中落，故而生活一直过得很艰难。因此在《答崔立之书》中韩愈曾自言道：

> 仆始年十六时，未知人事，读圣人之书，以为人之仕者，皆为人耳，非有利乎己也。及年二十时，苦家贫，衣食不足，谋于所亲，然后知仕之不唯为人耳。乃来京师，见有举进士者，人多贵之。仆诚乐之，就求其术。①

韩愈在《答崔立之书》里写的这段非常重要，因为这里虽然说的是他自读书起到应举求官期间的一段思想经历，但实际上这已经可以说是完整地概括了他一生的思想转变历程，也说出了他的出仕观和人生观，因为他此后一生的所作所为，无一不是与此节符合若契。

从这封书里，我们可知韩愈“少年尚奇伟”，幼时他多“读圣人之书”，所以一直认为做官乃“皆为人耳”，是要为天下人造福的，而不是为自己谋好处，他自己称此念为“未知人事”；等到他成年之后，由于生活艰辛至“饥不得食，寒不得衣”，遂一改前念，将出仕视为摆脱贫苦生活的途径，并推翻了自己以前认为做官是“非有利乎己也”的观点，开始认为做官“不唯为人耳”；等他到了京师应举的时候，又发现举进士者“人多贵之”，便进一步地认识到做官不但可以改善自己的生活，为自己谋取好处，并且还是一条可以让自己为他人所“贵之”，大幅度提高自己社会地位的途径，因此遂“诚乐之，就求其术”，开始了他一心求官的历程。韩愈自十九岁至京师

---

① 《韩昌黎文集校注》。

应举，三次落第，二十五岁时第四次应举才中进士。但进士只是个身份而不是官，想做官还要再过吏部的博学鸿词科才可以。因此韩愈在二十六岁到二十八岁的这三年内又连应三次博学鸿词科，皆不第，于是他又三次上书宰相求官，又不报。在长达十余年的求官历程后，韩愈最后终于在三十岁时去了汴州的宣武节度使董晋手下做了个观察推官，真正开始了他的仕途。

韩愈的官宦家世、幼年的贫困经历以及在这一系列的求仕过程中导致的思想观念改变，致使他此后一生中对官职的渴求以及对个人地位的重视程度，要远甚于其他一些文人如杜甫等人。而由于他求仕之初便以为做官不单是“为人”，更可以“利乎己也”以及可以为人“所贵之”的观点，致使他为求出仕可以不惜卑躬屈膝阿谀权贵，为保官职、地位不但能谀上更可以欺世盗名。这些，在他第一次被贬为连州阳山令以后在著名的“二王八司马”等事件中的表现，以及被贬潮州等一系列事件中都可以得到充分证明，这其中还包括了几桩历史公案。

要说清楚这些，首先需要说一下当时的“永贞革新”和“二王八司马”事件。

唐贞元廿一年（805），以王叔文、王伾、韦执谊、柳宗元等人为代表的新兴政治势力得到顺宗的信任和支持，进行了为时146天的政治改革，因顺宗退位前改元“永贞”，所以这次改革史称“永贞革新”。

“永贞革新”带有明显的法家思想痕迹，其主要目的是试图缓解中唐以来日益尖锐的政治、经济和阶级矛盾，具体措施有撤贪官、免天下百姓所欠交的五十万贯租赋、禁宫市、罢五坊小儿等，同时接掌太监手中的兵权，为此后的消灭宦官、藩

潮州韩文公祠

镇势力，巩固中央集权做好准备。总体来说，“永贞革新”在当时是具有进步意义的，实际上也的确为以后宪宗的小中兴局面打下了一定的基础。

但“永贞革新”伊始，以权宦俱文珍为首的、代表既得利益者的旧官僚集团开始逼顺宗退位，而顺宗本就因中风口不能言，遂让位给宪宗。由于二王等永贞党人先前曾反对立宪宗为太子，因此宪宗上台后马上依靠太监和各方势力，把他们全数打倒：王叔文被贬渝州司户，次年被赐死；王伾被贬为开州司马，韦执谊被贬为崖州司马，均死于贬所；柳宗元、刘禹锡、程异、陈谏、凌准、韩晔、韩泰都被贬为边远地区的州司马，这就是著名的“二王八司马”事件。

至于韩愈当初到底是因为什么原因被贬为连州阳山令的，一向众说纷纭，即使是他的学生、同僚也都莫衷一是，未能统一口径。我们唯一可以肯定的是他必定得罪了某些权贵甚至是皇帝本人。传统的有根据他《与三学士诗》的“传之落冤仇”说，认为韩愈怀疑柳、刘二人陷害他，而在《忆昨行和张十一》诗中则又说：“忽有飞诏从天来，伾文未翦崖州炽。虽得赦宥恒愁猜，近者三奸悉破碎。”如据此看来，似乎应该是“二王八司马”中的王叔文、王伾、韦执谊所为，再联系他后来在不少诗文中频频对“永贞革新”进行攻击和咒骂①，好像一切疑问都迎刃而解了。近代的阎琦先生也持此说，他在《韩愈的“阳山之贬”析》中认为韩愈被贬阳山，是王叔文、王伾等人所为。

但实际上这其中依然有着一个极大的问题无法解决。韩愈是德宗贞元十九年（803）被贬往阳山的，那时顺宗尚未继位，韩愈最反对的二王由于棋、书技艺出众，正以翰林待诏的闲职身份，在陪伺还是太子的顺宗下棋、写字，韦执谊是翰林学士，只有柳宗元、刘禹锡与韩愈同是监察御史，有可能陷害他。但韩愈与柳宗元、刘禹锡、韩泰等这几位革新派不但份属同僚，也一直未曾有恶颜相向，还始终相交匪浅，对他们敬慕之情也都章灼熠熠。如韩愈从潮州调任袁州时曾举韩泰接任，柳宗元死时托孤韩愈，韩愈先后作《祭柳子厚文》、《柳子厚墓志铭》、《柳州罗池庙碑》三篇文章以祭颂之等。况且他虽然和永贞党人不是同一派系，在诗文中攻击过“永贞革新”，但与宦官、藩镇体系更是相去甚远，后来他在《顺宗实录》里，对二王等“永贞革新”的进步措施也表示了赞赏，同时他在力主

① 《永贞行》：君不见太皇谅阴未出令，小人乘时偷国柄。一朝夺印付私党，懔懔朝士何能为。狐鸣枭噪争署置，睗睒跳踉相妩媚。昨夜诏书朝拜官，超资越序曾无难。公然白日受贿赂，火齐磊落堆金盘。元臣故老不敢语，昼卧涕泣何汍澜。

削藩、排除奸宦、农商并重等政治主张上也是基本与二王、柳、刘等革新派一致的，所以基本可以排除柳、刘二人这个时候陷害他的嫌疑。而王叔文、王伾几个那时还远没有掌权，也和他没有根本利益及思想上的冲突，所以他们不可能、不必要也没有这个能力去贬韩愈。到贞元廿一年（805）二月顺宗即位之后，二王才开始掌权进行“永贞革新”，但这已经是韩愈被贬往阳山至少一年多以后的事了，所以韩愈说二王陷害他的说法与史实不符。另外，正因为顺宗的即位大赦，韩愈才得以自阳山内调江陵，同年夏，又被召为权国子博士，分教东都执掌学官，为他的“抗颜而师”提供了官方身份。

倒是当时的京兆尹嗣道王李实，由于想征税进奉讨好，虽然其年大旱欠收，但却“言于上曰：‘今岁虽旱而禾苗甚美’，由是租税皆不免，人穷至坏屋卖瓦木、麦苗以输官”，并因为“优人成辅端为谣嘲之。实奏辅端诽谤朝政，杖杀之”。可见李实对此事非常在意并且是不容人涉足的，而恰恰韩愈曾上过一道《御史台论天旱人饥状》疏，其中有说“京畿百姓贫困，应今年税钱及草粟等征未得者，请俟来年蚕麦”①，所以倒极有可能韩愈是因为触怒了李实而被陷害的。

凡此种种，都可以说明韩愈说二王陷害他以及诋毁“永贞革新”等言行，并不是事实和他的真实想法。韩愈对王叔文个人的恶感，也是来自于王叔文掌权之后的一些行事，阳山之贬应该和永贞党人没什么关系。因此他之所以把自己被贬的责任全部要委过于王叔文、王伾等人，并作诗诋毁“永贞革新”，其最大可能应该是企图想向宪宗和当权的宦官俱文珍等人表示自己在政治上乃是王叔文、王伾等永贞党人的政敌，好保住自

---

① 《资治通鉴》第二百三十六卷。

己的官位或得到提拔重用。

只是韩愈这样的心思，未免过于明显了些。他在《上郑尚书相公启》中曾说过自己“日与宦者为敌”，对宦官监军这一做法也是一向持反对意见的。可他却又在《送汴州监军俱文珍》序言中吹捧权宦俱文珍道：“故我监军俱公，辍侍从之荣，受腹心之寄，奋其武毅，张我皇威，遇变出奇，先事独运，偃息谈笑，危疑以平。天子无东顾之忧，方伯有同和之美。”其诗赞曰：“奉使羌池静，临戎汴水安。……谁言臣子道，忠孝两全难。”此等言语行径，其心思昭然若揭。

学界还有一种意见说他这是迫于时势不得已而为之，另外也有认为他这是为上司捉刀所做的，固然都有其一定道理，但退一万步说，即使是迫于压力，作为“文起八代之衰”的退之先生也应该明白他这一退之，文德肯定是被退得没有的了。只是此等现象在韩愈而言，并非仅此一次，偶尔为之，而是有“前科”的“惯犯”，此前还有其他同样性质的一些事情，都足以证明这些举动是出自他本人意愿的。

当年韩愈四处求官的时候，曾经找过李实，对李实声称“未有见赤心事上忧国如家如阁下者”，表示对他景仰之至，说自己“虽在千百年之前，犹敬而慕之，况亲逢阁下，得不候于左右以效其恳恳”云云，这几句实在有点肉麻到不忍卒读了。他如此极力吹捧的这个李实，也就是他上《御史台论天旱人饥状》时的那个李实，韩愈自己也在其后的《顺宗实录》中写道：

> （李实）恃宠强愎，不顾文法，是时春夏旱，京畿乏食，实……曰：今年虽旱，而谷甚好，由是租赋

皆不免，人穷至坏屋卖瓦木贷麦苗以应官。……至谴，市里欢呼，皆袖瓦砾遮道伺之。

“永贞革新”时被惩的两大高级贪官酷吏，一个是勾结藩镇势力的盐铁转运使李琦，另一名就是这个李实。实际上李实之暴戾，在做司农卿的时候就已经是人所共知，所以韩愈找李实求官之时的肉麻吹捧，实在是再不能为他找出什么借口来了，这纯粹就是为了求官而为之的，只能是他自己的主观意愿使然，而不是有什么外部客观原因迫使他那样做的。

韩愈非但在为自己求官、保官等事上会阿谀奉承、颠倒黑白，大耍其两面派手法，甚至还会不惜欺世盗名、无中生有、捏造耸人听闻之事端作为自己的“政绩”，给自己脸上贴金，他那篇流传于世著名的《祭鳄鱼文》就是明证。

在元和十四年（819）上《谏佛骨表》被贬往潮州后，韩愈对潮州之险恶艰苦颇为厌恶，他在给宪宗的表章中说：

臣所领州，在广府极东，过海口，下恶水，涛泷壮猛，难计期程，飓风鳄鱼，患祸不测。州南近界，涨海连天，毒雾瘴氛，日夕发作。臣少多病，年才五十，发白齿落，理不久长。加以罪犯至重，所处远恶，忧惶惭悸，死亡无日。单立一身，朝无亲党，居蛮夷之地，与魑魅同群，苟非陛下哀而念之，谁肯为臣言者。……而臣负罪婴衅，自拘海岛，……伏唯陛下天地父母，哀而怜之。

他这种全不以造福于百姓为念，唯日夜苦思而摇尾乞怜回朝之态度，与柳宗元去柳州后豪言“是岂不足为政耶”，以及与后来同遭落难之苏轼写惠州之可作终老之计之间的差异，简直有天壤之别。而他在潮州为官六月，最出名的也就是那件为潮州驱除鳄鱼的事。

从史料记载和他的表章、诗词中，都可以知道鳄鱼乃是潮州历来之大患，百姓甚苦之。韩愈到后，令其下属秦济以一羊一猪投溪水，自己则做了篇祝文给鳄鱼，一面大肆阿谀皇帝一面崖岸自高道：

> 今天子嗣唐位，神圣慈武，四海之外，六合之内，皆抚而有之，……刺史受天子命，守此土，治此民，而鳄鱼睅然不安溪潭据处，……与刺史拒争为长雄。刺史虽驽弱，亦安肯为鳄鱼低首下心，伈伈睍睍，为吏民羞，以偷活于此耶？承天子命以来为吏，固其势不得不与鳄鱼辨。鳄鱼有知，其听刺史。……今与鳄鱼约：尽三日，其率丑类南徙于海，以避天子之命吏。……七日不能，是终不肯徙也，是不有刺史、听从其言也。……刺史则选材技民，操强弓毒矢，以与鳄鱼从事，必尽杀乃止，其无悔！

据说祝完的当天傍晚，就有暴风雷起于水中，数日后此水便尽皆干涸，鳄鱼竟然就此徙往旧湫西六十里，从此潮州再无鳄患。

这个神话编造得颇有《山海经》、《搜神记》之风，鳄鱼竟然会知道他是当今“神圣慈武”天子派来的刺史，而且还怕了他用强弓毒矢杀尽鳄鱼的威胁，因此就西迁六十里而避之，实在虚妄之极。宋代名僧契嵩对此嗤笑不已，他在《镡津文集》中驳斥道：

> 韩子为鳄鱼文与鱼，而告之世，谓鳄鱼因之而逝，吾以为不然。鳄鱼乃昆虫无知之物者也，岂能辨韩子之文耶？然使韩子有诚，必能感动于物，以诚即已，何必文乎？文者，圣人所以待人者也。遗虫鱼以文，不亦贱乎？人哉文之，其人犹有所不知，况昆虫欤。谓鳄鱼去之，吾恐其未然。唐书虽称之，亦史氏之不辨也。

我原本对此颇有兴趣，很想再去考证一下古潮州西六十里是否属于无人区，如果不是的话于此还可以再有一辩，后来一看书才发现早已有人举证说他根本没把鳄鱼赶走，也就失去了兴趣，就此罢手。据蒋超柏《南漘楛语》载：

> 韩愈到潮州，作文驱鳄，西徙六十里，仍复为害。后有刺史以毒法杀之，鳄害乃绝，盖著之粤中见闻云尔。其人姓名无可考，可惜也。天下事大抵如是，文人最工于弋誉，实惠多隐而弗传。

这鳄鱼“仍复为害”，其实就是压根没搬走，最后是被一位不知名的刺史用毒杀绝的，而根本不是被韩愈的一道祝文吓走的。蒋公指责韩愈的“文人最工于弋誉，实惠多隐而弗传”，实可为警世之名言。当代的文史学家吴世昌先生亦曾在 20 世纪 70 年代末，撰文称此文为“中国文学史上弄虚作假、欺世盗名的一篇罕见的杰作”。

韩愈不但会为保住官职和地位，不惜卑躬屈膝去阿谀权贵，为调离边苦之地不惮欺世盗名而杜撰离奇“政绩”，在自己身居高位后，更是时常禁不住沾沾自喜，流露出一派暴发户心态。

古往今来无数文人墨客都望子成龙，因此留下不少教子诗词，韩愈也不例外。他有一首《示儿》诗，也是想用来教育自己儿子的，诗中有“始我来京师，止携一束书。辛勤三十年，以有此屋庐。……开门问谁来，无非卿大夫。不知官高卑，玉带悬金鱼。问客之所为，峨冠讲唐虞。酒食罢无为，棋槊以相娱。凡此座中人，十九持钧枢”等语。一开首的这两句，对他的仕途成就的自得之情溢于言表，此后在一番对家中景物的描写过后，开始用一种似乎无所谓的态度说“开门问谁来，无非卿大夫”，可马上又开始夸耀自家门上非但往来无白丁，而且还都是“十九持钧枢”的朝中重臣（唐制：五品以上用银鱼袋，三品以上佩饰金鱼袋）。这一副暴发户的做派，即使是对他仰慕之至、推崇他可以为“百世师”的苏东坡，在读了他这首《示儿》和《符读书城南》等诗后也觉得无可辩解，认为其“所示皆利禄事”，同时说“老杜则不然，其《示宗武》……所示皆圣贤事也”①，后来的如全祖望等人亦持此见。而这些心态，恰恰都是十分符合他当初应举求官时，将出仕视为摆脱贫苦生活的途径，做官能“利乎己也”并可以为他人所“贵之”的观点的，所以他十分在乎这些，并也是以此来谆谆教诲自己的后代的。

韩愈被推崇的另一大原因，是他排斥佛教，继承儒学道

---

① 《苕溪渔隐丛话》前集。

统，领导了儒学复兴。同时历来学界还有一种意见认为，韩愈敢上表直谏迎佛骨，与皇帝针锋相对，因此获罪被贬潮州，足可证明其不畏权势之品格，人品不至于如此不堪。此论固然有其道理，但任何事情都不能单独割裂开来讨论，如果联系他上表前后的态度以及当时的背景来看，韩愈此举依然和他一心向上爬的重权重名思想是一致的，并不能证明他品格之高尚。

元和十四年（819），宪宗迎佛骨入宫。此事一时间成为长安的头号大事，朝野上下一片骚动，而韩愈是一向自诩为儒学领袖，以辟佛老、兴儒学为己任的，自然不可能保持缄默，于是上《谏佛骨表》。

实际上唐代历朝都有坚定的辟佛者，前后有狄仁杰、傅奕、姚崇、桓彦范、高郢、张镐等不下数十人，不断地上表、下令排佛。韩愈所上之表，意见基本与他们相同，其中引起宪宗震怒的是他说凡礼佛之君都"乱亡相继，运祚不长……事佛渐谨，年代尤促。……事佛求福，乃更得祸"，这个虽与傅奕的《排佛表》内容相仿佛，但论据使用不当而且缺乏说服力，并没有切中要害，因为他自己也知道梁武帝虽礼佛却依然在位长达四十八年之久，所以司马光在《资治通鉴》中就此事评论韩愈说"其言多矫激太过"。宪宗因此怒道："言我奉佛太过，我犹为容之。至谓东汉奉佛之后，帝王咸致夭促，何言之乖剌也！"遂坚持要杀韩愈[1]，后来在裴度等人的周旋下，于当年正月十四日被贬往潮州。

韩愈显露出问题是在他被贬往潮州以后。

他走到半路时就做了《宿曾江口示侄孙湘二首》，里面有"仰视北斗高，不知路所归"、"嗟我亦拙谋，致身落南蛮。茫

---

① 《旧唐书·韩愈列传》。

然失所诣，无路何能还！”等语，尤其是“嗟我亦拙谋，致身落南蛮”这句，可以说对上《谏佛骨表》及招致的后果的悔恨之意已经溢于言表，同时频频表露出急欲回朝的意愿。在到了潮州以后，他又立刻上了那道前面提起过的《到潮州谢上表》。如果说此前他为了求官、保官所做的那些阿谀奉承的诗文让人肉麻的话，那么这道表章就写得叫人有些恶心了。

他在起首先说自己“狂妄戆愚，不识礼度，陈佛骨事，言涉不恭，正名定罪，万死莫塞”，这也就罢了，既然是谢罪，把自己贬低一番也还说得过去，所以“圣恩宽大，天地莫量，破脑刳心，岂足为谢！”云云，同样亦可不论。后面他说自己“人事多所不通，唯酷好学问文章，未尝一日暂废，实为时辈所见推许”，这样自诩的资格，韩愈也是有的，当时的柳宗元等人就“甚奇其书”，对他的文章评价极高，因而也是实情。但接下去韩愈却以自己的文才为资，大谈他写论述皇帝功德的文章功力，可以“与《诗》、《书》相表里，作为歌诗，荐之郊庙，纪太山之封，镂白玉之牒，铺张对天之宏休，扬厉无前之伟绩，编于《诗》、《书》之策而无愧，措于天地之间而无亏，虽使古人复生，臣未肯让”，这就有点几近厚颜无耻了。接下来又说宪宗自即位以来，“躬亲听断”等圣明功绩，当然需要“宜定乐章，以告神明，东巡泰山，奏功皇天，具著显庸，明示得意，使永永年，服我成烈”，这个实在是“千载一时不可逢之嘉会，而臣负罪婴衅，自拘海岛，戚戚嗟嗟，日与死迫，曾不得奏薄伎于从官之内、隶御之间，穷思毕精，以赎前过。怀痛穷天，死不闭目，伏唯陛下天地父母，哀而怜之。”作为一代文宗写出这样的文章来，用如此的理由来要求回朝以及哀求方式，一样的也可以说他一句“使古人复生，臣未肯让”，而令人为之汗颜之程度，只怕亦可到前无古人、后无来者的地步。这是他表白自己并请求宪宗宽恕的言论。

到潮州以后，除了为欺世盗名捏造了那个以文驱鳄的弥天大谎，韩愈着急的便是要用实际行动来表明自己对佛教的态度，以挽回被贬的局面。

元和十四年（819）三月二十五日，韩愈终于在跋涉了三个月又十一天后抵达潮州，于四月七日就给当地的名僧大颠法师去函求见曰：“久闻道德，切思见颜。缘昨到来，未获参谒。倘能暂垂见过，实为多幸。”六月三日又去书表示要造访的意思，到七月十五日，韩愈才在信中道：“惠匀至辱答问，珍悚无以。所示广大深迴，非造次可谕。”① 这次他是亲自去了大颠的住处，才终于见到了这位高僧，这个求见活动也可算是“三顾茅庐”了。

可问题在于韩愈一直都是一位闻名天下的排佛领袖，这次又因为谏皇帝迎佛骨而被贬潮州的，以五十岁的年纪在寒冬季节做了三个月的长途跋涉后，到达之处照他自己所说，是一个“飓风鳄鱼，患祸不测。州南近界，涨海连天，毒雾瘴氛，日夕发作”的地方，正常的反应恐怕应该是休养生息一阵或者郁怒不已才对，但他一到治所鞍马未歇，却马上声称“切思见颜”，主动上门去结交一位不过是地方上的名僧，还是一而再，再而三地要求见面，这却叫人作何感想？

学界对此也曾有过不少看法，有说韩愈对壁画感兴趣的，有说是因为被贬所以想去交流学术、试图了解一下佛教的，但无论如何，三月跋涉后的韩愈到任才不过十二日，大约连手下

① 《韩昌黎先生外集》。阎琦先生认为《与大颠三书》系伪作，前人朱熹等则以为真，然亦无关宏旨，谨录于此。

官吏都还没能认全，就急急忙忙地去再三求见一个他以前从未谋面，又是历来被他所排斥和深恶痛绝的佛教的著名人士，况且此人还算不得是名震海内的名僧，而他又恰恰是因为排佛被贬来此地的，有这诸多问题在前，他却有如此迫切的举动、如此之低的姿态在后，用研究壁画和学术交流这样的理由来解释，恐怕于情于理都是不太能说得通的。最合乎逻辑，也是最能合理地解释韩愈之所以要这样做的理由，乃是他要借此行动向皇帝表示悔改之情，以图能早日得到谅解，可以再次回朝恢复自己的仕途。但他毕竟一向是以卫道排佛的领袖而自居的，所以不可能在表章书信中明确地表示自己排佛错了，因为如果这样做的话，那他的“辟佛老、传儒道”的牌子就彻底地倒了，所以唯有行而不言这一途比较合适，也较为符合他的心态。

他的这些言论和行动的直接后果有两个。

一是宪宗的怒火果然就此平息，意图马上召回韩愈，可惜被他人阻止。但当年十月，韩愈亦被调任袁州刺史，照时间推算，这基本也就是几道表章来回的时间，可见他的策略非常之奏效。次年因为穆宗即位，他被召拜国子祭酒回朝。

第二个结果对韩愈就不太好了。此刻外间已经开始有谣传说韩愈信奉了佛教，更有人认为他是为了自己的前途而信奉佛教的，尚书孟简因此写信给韩愈。而韩愈一向标榜自己是“辟佛传道”的领袖，这个情况对他来说，乃是一个可以动摇其在文学、思想等方面领袖地位的严重问题，也是在他回朝恢复局面之前一个亟待排除的障碍。

因此韩愈在听闻此事后，马上着手辟谣。在十月的回朝途中，韩愈作《与孟尚书书》为自己辩护道：“来示云，有人传愈近少奉释氏者，传者之妄也。潮州时有一老僧号大颠，颇聪明，识道理，实能外形骸，以理自胜，不为事物侵乱，要自以为难得，因与往来。及祭神至海上，遂造其庐，及来袁州留衣与之别，乃人之情，非崇信其法求福田利益也。”在此他强调自己与大颠不过是名士之间交往，并非是“崇信其法求福田利益也”。韩愈如果仅只是辟谣辩解一下也就罢了，偏偏接下去他的言语再一次“矫激太过”，反而画蛇添足，又给自己抹了一笔无法擦拭干净的污痕。

先前他上《谏佛骨表》中有“佛者，夷狄之一法耳。……佛本夷狄之人，与中国言语不通，衣服殊制；口不道先王之法言，身不服先王之法服，不知君臣之义、父子之情”等言，对佛教表示十分不屑，并称凤翔法门寺供奉的佛舍利为“枯朽之骨，凶秽之余”。但他去潮州只十余日与大颠仅仅会晤一次之后，便马上又赞叹大颠为之解说的佛学“广大深迥，非造次可谕”，对大颠本人也是自未谋面起到见面以后都表现得十分恭敬。可如果与他的《赠译经僧》一诗里“万里休言道路赊，有谁教汝度流沙？只今中国方多事，不用无端更乱华”等语相比较，就会发现对两位同是博学的佛门高僧，一个他要三顾茅庐恭敬无比地去造访，另一个则是一副恨不能立刻乱棒打出国门的样子，更指责其人其教是来“无端更乱华”的，这就不禁要令人奇怪他的态度何以会厚此薄彼至此了。不过当韩愈回迁在望，并急于要辟谣澄清自己的时候，大颠马上也受到了和译经僧差不多的待遇，而大颠所信奉的佛祖也又一次被质疑为：“且彼佛者，果何人哉？其行类君子邪？小人邪？”刚刚还被他赞叹为“广大深迥，非造次可谕”的佛教，也被再次贬低为先前的“夷狄之教”，说其“不仁甚矣”，其危害更是“过于杨墨"，"礼乐崩而夷狄横，几何其不为禽兽也"。至于他留衣作别的大颠，也从"久闻道德"、"论甚宏博"、"颇聪明，识道理"的名士，变成了一个"与之语，虽不尽解"的普通和尚。

近年阎琦先生经过对其生平事迹以及所作诗、文的对比研究后，也在《元和末年韩愈与佛教关系之探讨》一文中提到，韩愈一生中于宪宗元和末年，确切地说是元和十四年到元和十五年的这段时间里，其排佛态度出现过由高潮到低潮，再由低潮到高潮的一段颇为"特异"的时期，这与他上《谏佛骨表》所招致的结果和因此而起自相矛盾的言行过程，以及他想急切回朝继续仕途发展，并因而试图表示悔改以博得宪宗宽恕的态度，无论是在时间上还是心理上的转变过程都是完全一致的。

这些都充分表明了韩愈上《谏佛骨表》并不能说明他的品格有多么高尚，联系他上表前后的这许多互相矛盾的言论和实际行动，反而更进一步地证明了他是一个对功名利禄极其看重的人，在这种种变化急遽的矛盾言行背后的根源，实是韩愈开始踏上仕途时所秉持的那种做官不只"为人"，更是要"有利乎己也"，并一直希望能为他人"所贵之"的出仕观。所以这些看上去极其自相矛盾的举动，目的全都是为了要保住他自己的仕途和地位，乃至于有阿谀奉承、欺世盗名、首鼠两端等失却文德、气节之事，为了功名他不但能曲意奉承，甚至在自己一贯标榜的"辟佛传道"这个"理想"问题上也敢玩弄权术，翻手为云覆手雨。

二、韩愈的出仕观对他的政治、学术思想的影响及其他

众所周知，“道”本为孟子之言，而韩愈在《原道》中再提出“道”字为道统说，儒学由此至宋明兴盛，新儒家均以此继之，所以宋明新儒家也称道学家，韩愈也成为唐代乃至中国历史上的“卫道巨擘”。

虽然韩愈以孔子、孟子千年后的唯一传人、儒学道统的继承者自居（他也是这样被后人所推崇的），但他的政治思想实际上却与儒家相去甚远，甚至可以说与法家更接近些。我们知道在政治上这两家的主要差异，是在于儒家坚持治国的主要手段是为政以德，以德服人；法家则主张以法为教，以法治人。法家主张君权至上，而自孟子起，儒家在君民关系这个问题上则主张君权的有限合法性，重视相互关系。韩愈在《原道》这篇最能代表他思想的重要论著中，就很清楚地表现出了他在这个问题上的政治主张，是有着浓重的法家意味的。

孟子在《尽心》中提出了著名的“民为贵，社稷次之，君为轻”之“君轻民贵”思想，所以后来问其曰：“臣弑其君，可乎？”孟子就回答说：“贼仁者谓之贼，贼义者谓之残。残贼之人，谓之‘一夫’。闻诛‘一夫’纣矣，未闻弑君也。”但韩愈却在他的《拘幽操》中，叫历来被奉为一代圣君的周文王对“一夫”之纣说出了“呜呼！臣罪当诛兮，天王圣明”这样的话（近代亦有学者以为是反讽）。

同时孟子在《梁惠王》中又提出为王要“发政施仁”，要

求国君先做到让天下“五亩之宅，树之以桑，五十者可以衣帛矣；鸡、豚、狗之畜，无失其时，七十者可以食肉矣；百亩之田，勿夺其时，八口之家可以无饥矣；谨庠序之教，申之以孝悌之义，斑白者不负戴于道路矣。老者衣帛食肉，黎民不饥不寒”，然后才“不王者，未之有也”。而韩愈在《原道》里却主张：“是故君者，出令者也。臣者，行君之命而致之民者也。民者，出粟、米、麻、丝，作器皿，通货财以事其上者也。君不出令，则失其所以为君；臣不行君之令而致之民，则失其所以为臣；民不出粟、米、麻、丝，作器皿，通货财以事其上，则诛！”

韩愈在此，把次序颠倒了一下，孟子原本的君、民相互关系因此走了样。这种迹近法家的政治主张，亦源于韩愈带有浓重功利主义色彩的仕途观和人生观以及他的天命论思想。对他来说，何以要出仕？是因为出仕不但可以生活富足，还能“利乎己也”，更可以为他人所“贵之”。然而这样的仕途观，必须要有一个前提才能得到保障，那就是：百姓愿意努力劳作并供养他们，并对上尊敬有加不能有不敬之心、非分之想，这个必须是无条件的，只有在这样的管辖之下他们那些仕人才会被社会所“贵之”，也才能过得好。

基于这样的出发点，在韩愈的政治思想里，仕人是尊贵的，是管理生产者的，而生产者的身份是“贱且劳者也”；同时一个人是为官，还是从事“贱且劳者也”这样的工作的身份及能力，则是天生的，就好比一个萝卜一个坑已经安排好了：“任有大小，唯其所能，若器皿焉。”因此大家只能自觉地去履行符合自己身份、能力的职责，如果一旦不安于自己的身份，是会遭“天殃”的。所以在他的十年求官生涯中，即使没有衣食的时候他也绝不从事“贱且劳”的工作，宁愿“日求于人”或拦路跪求达官贵人施舍，也不会因此感到自卑和丢脸：“仆在京城八九年，无所取资，日求于人，以度时月”[1]、“余初冠，应进士贡在京师，穷不自存，以故人稚弟，拜北平王于马前。王问而怜之……轸其寒饥，赐食与衣”[2]，未知此衣食可否谓之“嗟来之食”乎？

这个观点和他的天命论思想在他的《圬者王承福传》里表达得最清楚，赤裸裸地连一点掩饰都没有。他笔下的王承福原先是个自由农，后来为国家当了十三年兵，有了一些功勋，本可以得些功名，但他却没要而回了家。可是回家后发现早已失去了土地，此后他一辈子再也没能拥有自己的土地，只好靠进城为人做点建筑小工生活，所以他也养不活妻儿，一辈子打了光棍。然而他却始终抱着这样的想法：他天生就是这块料，因此只能为人做泥瓦匠这样的佣工，所以他没要功名，同时他做小工不但要安心地去做，而且要努力做好，不然是要遭“天殃”的。韩愈在此借王承福的口对自己说道：“故君者，理我所以生者也；而百官者，承君之化者也。任有大小，唯其所能，若器皿焉。”在最后韩愈又警告人们说，这样的人虽然是不是真的会努力工作“劳其心以为人”还值得怀疑，但是他已经“贤于世之患不得之而患失之者，以济其生之欲，贪邪而亡道以丧其身者，其亦远矣”。至于什么人是“贪邪而亡道以丧其身者”呢？他在前面已经说过：“食焉怠其事”者，“不择其才之称否而冒之者”，“知其不可而强为之者”，简而言之，就是那些不老实干活、不安分守己、不服从命运的人，这与孟

---

① 《与李翱书》。

② 《殿中少监马君墓志》。

子的“舜何人也，予何人也，有为者，亦若是”，也就是所谓的“人人可得而为尧舜”的思想，其相乖背戾何其远也！

在韩愈理想中的社会秩序，是出仕则为君之臣，臣于是事其君，行君之令使其致之于民，而为民者则自当事其上，即出粟、米、麻、丝，作器皿、通货财与之用。君不出令只是失君道，臣不管好百姓也只是失了臣道，但是如果百姓不去生产食物、衣裳，不做用具、经营商贸去奉养管他们的君、臣，那就是大罪了，所以要“诛”以严惩，这就是他天经地义的“原道”。对韩愈来说，孟子的君轻民贵思想是基本可以不理的，章士钊先生曾经在他的《柳文指要》中说，柳宗元的政治思想是“以民为主”，而与之形成尖锐对比的则是和他齐名的韩愈“以民为仇”的政治思想云云。事实上韩愈的这些政治思想，也的确是与原本相对理想主义的、主张君权有限合法性的孔孟儒家相去甚远。

但韩愈却处处以孟轲的正统传人自居，甚至这样自诩和标榜以自重：“天不欲使兹人有知乎？则吾之命不可期；如使兹人有知乎？非我其谁哉！”[①] 然而他的思想和孟子实在差得太远，在很多方面甚至可以说是完全背道而驰的。更有甚者，是他在记录平定刘辟叛乱一诗中所表露出来的那种“以民为仇”的心态，已经不单只是背离了孟子的思想那么简单，而是一种几乎近于不正常的心态了。

顺宗永贞元年（805），西川节度使韦皋死，节度副使刘辟留后事，次年元和元年反，同年被神策军将领高崇文讨平，刘辟赴江自杀不成，与家小一起被槛车送京师斩首。韩愈大约是有幸观看斩首“典礼”的人之一，事后作《元和圣德诗》以

---

① 《昌黎先生集·重答张籍书》。

记之。

既然是“圣德诗”，照例是要在诗中先歌颂一番皇上之英明的，接着他描叙了一番平叛过程和后来捉拿刘辟及其家小的情形：“八月壬午，辟弃城走。载妻与妾，包裹稚乳。……辟穷见窘，无地自处。俯视大江，不见洲渚。遂自颠倒，若杵投臼。取之江中，枷脰械手。”然后韩愈笔锋一转，开始用一种兴奋和观赏的姿态，津津乐道于刘辟的妻、妾、稚乳们，那些被捆绑着的妇女和小孩是怎么哀告求饶，怎么被游街示众，又是如何被脱光，被拉上了行刑台后赤裸的身体是战栗成什么样子的，刽子手又是先从什么部位开始下刀，再轮到哪个部位，最后死亡的时候，那些妇女和小孩又是以什么体态呈现在行刑场中的等惨酷景象：

> 妇女累累，啼哭拜叩。来献阙下，以告庙社。周示城市，咸使观睹。解脱挛索，夹以砧斧。婉婉弱子，赤立伛偻。牵头曳足，先断腰膂。次及其徒，体骸撑拄。末乃取辟，骇汗如写。挥刀纷纭，争刌脍脯。

这些内容，其实只要六句也一样足够说明事情，完全不必要去进行那些令人毛骨悚然的描写：“来献阙下，以告庙社。周示城市，咸使观睹……末乃取辟，争刌脍脯。”

尤其让人感到讽刺的是，这样的一首诗居然被韩愈冠以了一个“圣德诗”的名字，不知是何等的一种心态，此名、此诗亦可称中国文学史上的一大奇观。后来文廷式曾经评点道：“详于用刑之惨酷，不知其用意也！……酷刑虐政，下及妇稚，乃津津道之，以为‘圣德’耶?”[①] 孟子有云：“恻隐之心，人皆有之；羞恶之心，人皆有之；恭敬之心，人皆有之；是非之心，人皆有之。”又云：“幼吾幼，以及人之幼。”而韩愈在此又何尝表现出了一点“恻隐之心”、“羞恶之心”、“是非之心”以及“幼吾幼，以及人之幼”的心思?他不但没有，反而以其津津乐道的口吻和写作手段，对此表现出了一种赞赏的乃至于是审美的态度。倘若我们以现代心理学的标准，去诠释他何以要如此津津乐道于这样的场景描写，也许可以发现他与法国的萨德（Sade）侯爵创作《索多玛120天》（*Salò o Le 120 Giornate di Sodoma*）时的写作心理有若干相似之处，因此很难说会不会被界定成“萨德主义”（Sadism，简称SM）更不用说这是否符合他一贯标榜自己传承的孔孟之“道”了。

以前历朝历代的文人，对此不齿者也甚多。苏辙读此诗就说：

> 此李斯颂秦所不忍言，而退之自谓无愧于《雅》《颂》，何其陋也！唐人工于为诗，而陋于闻道![②]

确实，如果对比韩愈前面所说自己为皇帝论述功德的文章，可以“与《诗》、《书》相表里，作为歌诗，荐之郊庙，纪太山之封，镂白玉之牒，铺张对天之宏休，扬厉无前之伟绩，编于《诗》、《书》之策而无愧，措于天地之间而无亏，虽使古人复生，臣未肯让”，在这样的形容和自诩面前，这不单单是一个莫大的讽刺，只怕还更亵渎了《诗》、《书》、天、

① 《纯常子枝语》。

② 《苏辙集·诗病五事》。

地以及古人。我想不用使古人复生，只须使古人地下有知，也是不敢和他同列的。在这个问题上，他就是肯让也一样可以专美于前，无人敢与之争这个名次。

实际上韩愈的关于“道”的思想，基本都是为针对当时社会各方面矛盾的考虑而阐发的一些政治理念做理论上的依据，因此他本人以及他宣扬、诠释的所谓的儒学之“道”，正如当代学者冯友兰在《韩愈、李翱在中国哲学史中之地位》中所言，韩愈是不能被称为一个哲学家的，而仅只能称为“文章之雄”。其原因就在于他所提倡的“道”，并没有在哲学上有什么建树，而是大多在于如何营造依据去解决如阶级矛盾、经济矛盾等现实问题，没有从根本上去阐发出自己的一套哲学理论。

不过我们也应该承认，自韩愈以后儒学的确开始了大规模的复兴和发展，并且能在最后达到宋明理学这样一个巅峰状态，客观上确实是因为韩愈的大力提倡而起始的，虽然他并没能在学术上达到他想要达到的高度，但他在这其中所起的作用，是不能被抹杀的。

关于韩愈的排佛老的态度也有一些问题。综观韩愈关于佛教的全部论辩中，以损贬为主，对佛教本身的教义却基本没有涉及。同时他对道教应该是认同的，虽然在一些文章中他也表示了反对黄、老思想，但那基本是因为在提及佛教等宗教问题上不得不连带提到，或者是在关系到儒学地位的时候，事实表明他未必真的不认同道教。

韩愈的排斥佛教，具有多重出发点。首先一个问题是佛教徒的日益增多，导致了社会不安定和严重的经济问题；其次，佛教的盛行已经严重影响了儒学的主体地位，当然这同时也威胁到了他这个儒学领袖的地位；再一个是夷夏大防，佛教是外来理论，这对于韩愈来说，也是不可接受的。

韩愈所在时期，佛教的过度盛行的确引起了社会问题。当时有相当人口不事生产而为僧，造成了社会生产力和财富的不足；同时有相当数量的信奉者使用自残方式苦修，在一定程度上影响了社会安定。在迎凤翔法门寺供奉的佛骨时，《旧唐书》载“王公士庶，奔走舍施，唯恐在后。百姓有废业破产、烧顶灼臂而求供养者”，连皇帝也要把佛骨请进宫去供奉三日。与韩愈同时代的彭偃指出：

> 今天下僧道不耕而食，不织而衣，广作危言险语，以惑愚者。一僧衣食，岁计约三万有余，五丁所出，不能至此。举一僧以计天下，其费可知。[①]

因此韩愈在《原道》中进而道：

> 古之为民者四，今之为民者六；古之教者处其一，今之教者处其三。农之家一，而食粟之家六；工之家一，而用器之家六；贾之家一，而资焉之家六；奈何民不穷且盗也！

这个问题也涉及他理想的社会秩序中，关于民要“出粟、米、麻、丝，作器皿、通货财以事其上”的根本问题，韩愈要求的是百姓首先要无条件地去从事这些生产活动来“事其上”，不然“则诛”；而现在佛教却教人以“必弃而君臣，去而父子，禁而相生相养之道，以求其所谓‘清净’、‘寂灭’者”。说到

① 《唐会要》。

底，在他看来这等于是在动摇关乎他个人和他代表的士绅阶层的生活基础和利益，这是最基本也是最现实的问题，因此对韩愈来说，这是绝对不可以接受的。但由此我们也可以看出一点，那就是韩愈应该对佛教教义并不是很清楚。当然，也或者是很清楚而在故意曲解。

另一方面，佛教自汉代传入中国，经过了数百年逐渐开始深入人心，对儒学的主体地位，开始造成了极大的威胁。韩愈在《原道》中这样说道：

> 佛于晋、魏、梁、隋之间，其言道德仁义者，不入于杨，则入于墨；不入于老，则入于佛。入于彼，必出于此。入者主之，出者奴之；入者附之，出者污之。噫！后之人其欲闻仁义道德之说，孰从而听之？老者曰："孔子，吾师之弟子也。"佛者曰："孔子，吾师之弟子也。"为孔子者，习闻其说，乐其诞而自小也，亦曰："吾师亦尝师之云尔。"不唯举之于其口，而又笔之于其书。

在这样的局面下，韩愈自称是儒学千年以来继孟子以后的第一人，其感受到的威胁不可谓不大，所以不管是从捍卫儒学的主体学说地位这个角度，还是从加强自己儒学领袖地位的角度看，韩愈都必须进行反击，这样还有一个好处就是可以进一步确立、巩固自己在儒学上的领袖地位。

另外，佛教是外来文化，而现在大有凌驾于本土文化之上的趋势，兹事体又关乎夷夏大防，岂能坐视！韩愈于这点上表现尤其突出。他在《谏佛骨表》中道："伏以佛者，夷狄之一法耳……佛本夷狄之人，与中国言语不通，衣服殊制；口不道先王之法言，身不服先王之法服，不知君臣之义、父子之情。”一旦不予以制止任其发展，那么将出现他在《原道》中所言“今也举夷狄之法，而加之先王之教之上，几何其不胥而为夷也”之重大问题，所以必须排佛。

不过无论如何，从社会的安定和经济角度来说，韩愈的排佛，在当时还是有相当积极的政治、社会两方面现实意义的。只是韩愈诸多的排佛理由，最后几乎都归结到了社会、经济问题和夷夏大防上，却基本上没有触及佛教的核心教义，所以没有从根本上和佛教展开较量，故而即便当时有着良好的排佛条件，但由于他主观意识上的先天不足，最后导致了在排佛问题上不能被信佛者认同而没有取得比较大的进展，同时也导致了其排佛理论必然是比较粗糙和不能命中要害的，这与他排佛的根本出发点有着直接的关系。

韩愈虽然在排佛的同时也连带着排黄、老，但是如前面所说，基本都是因为在提及佛教等宗教问题时要谈社会、经济问题而不得不连带提到，或者是在关系到儒学地位的时候才批驳一下，他的很多行事表明他其实并非真的不信奉黄、老道家学说，实际上他不但在世界观上是信奉天命论的有神论者，实际在生活中还信奉着黄、老之术，在这一点上，韩愈又一次表现出了他的两面性。

其一，“南人妄以柳宗元为罗池神，而愈撰碑以实之”①，大违“子不语怪力乱神”之道，尤其他更是作为一位儒家领袖，斯矣可笑夫。然亦有人以为祭奠之文或有推敬之意，不可尽信，然则他在论著与诗、文、书信中也频频言“天祸”、“天

① 《旧唐书·韩愈列传》。

殃”，除在《圬者王承福传》、《五原》等篇外，如在《感二乌赋》中云：“盖上天之生予，亦有期于下地，盍求配于古人，独怊怅而无位，唯得之而不能，乃鬼神之所戏。”《省试明水赋》：“唯玄月实水精，故求其本也，……德业于坎，同类则应，形藏在虚，气应则通。”这不单单是天命论了，已迹近道家的阴阳学说。还有《与崔群书》：“况天之与人，当必异其所好恶无疑也，合于天而乖于人何害，况有时有得兼者邪？”不一而足，这些都足可证明韩愈是个天命神鬼论者。

其二，韩愈口虽不言并且还时常排斥黄、老道家，但实际还是信奉道家那套长生不老理论的。韩愈晚年时，家境富裕，据记载：“用硫黄搅粥饭啖鸡男……千日后烹庖，名‘火灵库’……愈间日进一只焉。”① 他自己也在《寄随州周员外》一诗中道：“金丹别后知传得，乞取刀圭救病身。”这个周员外名为周君巢，是当时在服饵丹石方面的专家。而白居易诗则更云“退之服硫黄，一病讫不痊”，证明最后韩愈竟然是因为服食丹药而死的。

不过很多韩愈的追随者对这点很难接受，认为韩愈反对服食丹石是有证据的，那便是他在死前的一年，也就是在长庆三年（823）写的《李干墓志》里说：“余不知服食说自何世起，杀人不可计，而世慕尚之益至，此其惑也。……（李干）及且死，又悔。”因此认为他是不服食丹石的。

说到墓志，这又牵涉到了另一个备有争议的问题，也就是韩愈的谀墓问题。韩愈一生中写了极多的墓志，在这个问题上后世一直有很多争论，有说他谀墓的，有说他不谀墓的。实际上，如果我们暂时撇开韩愈主观上到底谀墓不谀墓的问题不

---

① 《唐语林》卷六。

谈，就会发现应该予以重视的是自韩愈的文誉起后，他生活费用的一大来源就是为人写碑铭墓志。李商隐在《齐鲁二生》里说当时有个刘生叫刘义，曾经“持愈金数斤去，曰：‘此谀墓中人所得耳。’”可见他为收取钱财而为人写墓志碑铭这个事情，在当时已经是人所共知的。

韩愈少年生活艰险，出仕后又几次沉浮，元和七年（812）再为国子博士时，又收留了侄子韩老成一家，他说这时已经“家累三十口”，而国子博士月俸为25贯，因此他的生活压力是比较大的。韩愈曾有两个关于写碑铭的记载：《谢许受王用男人事物状》和《谢许受韩弘物状》。在王用男人一事里他说收受了“马一匹并鞍衔、白玉腰带一条”，韩弘事则得“绢五百匹”。马和腰带是什么价钱现在已经无法计算，但一匹绢当时“直钱八百”是我们可以知道的[①]，那么五百匹绢就是400贯钱，等于他工资的16倍。这400贯钱是个什么概念呢？在当时，一斤盐的价钱是40文，一斗米是50文，按照一个成年男子一年需要口粮约七石二斗计，这400贯钱大约够一百人一年的口粮[②]，可见只要写一个碑铭就能得到一笔相当庞大的财富，这样我们就可以从另一个角度去理解韩愈为什么写了如此之多的墓志了，这也可以解释为什么韩愈的俸禄如此低，却可以一次解囊十万钱助修湘君夫人神庙了。

因为韩愈写墓志大多是收人钱财受死者家属委托而写的，所以在那种情况下，首先他是肯定不能按照自己的意志去评价墓主人行为的，而那个李干因服食丹药而死，墓志中又说他

---

① 《唐会要》。

② 盐价：《昌黎先生集·论变盐法事宜状》
米价：《李文公集·疏改税法》
口粮：《全唐文·奏五城旧屯兵募仓储等数疏》。

"及且死，又悔"，所以这个《李干墓志》里那些指责服食丹药的话，应该是李干自己和他家人的意见，而不是韩愈的观点。

另外，也有认为白居易说的"退之"不是韩愈。如钱大昕曾在《十驾斋养新录》中引方崧卿说，称此诗中的"退之"是《卫府君墓志》中的卫中立卫退之，不是韩愈韩退之。但后人多不同意此说，陈寅恪先生在《元白诗笺证稿》里经过考论认为："此诗中之退之，固舍昌黎莫属矣。"

由以上种种事例看，韩愈虽然一直在排斥佛、老，但排佛是真，斥老是伪，实际上他自己应该是信奉道家的那套学说的，至少很信奉其中一部分，这导致了自己最后也因服食丹药而死。

除了这些，韩愈在其他一些问题上也表现出前后不一、言行矛盾的情况。如韩愈曾说过他要"求国家之遗事，考贤人哲士之终始，作唐之一经，垂之于无穷。诛奸谀于既死，发潜德之幽光"①。

到元和八年（813），韩愈为史馆修撰，他上任以后却并不修撰史书，有一刘秀才闻讯写信要他勉以职务，韩愈作《与刘秀才论史书》回应道：

> ……孔子圣人，作《春秋》，辱于鲁、卫、陈、宋、齐、楚，卒不遇而死，齐太史氏兄弟几尽，左丘明纪《春秋》时事以失明，司马迁作《史记》刑诛，班固瘐死，陈寿起又废，卒亦无所至，王隐谤退死家，习凿齿无一足，崔浩范晔赤诛，魏收夭绝，宋孝

① 《答崔立之书》。

王诛死，足下所称吴竞，亦不闻身贵而今其后有闻也。夫为史者，不有人祸，则有天刑，岂可不畏惧而轻为之哉！……宰相……苟加一职荣之耳，非必督责迫蹙，令就功役也。……且传闻不同，善恶随人所见，甚者附党，憎爱不同，巧造语言，凿空构立善恶事迹，于今何所承受取信，而可草草作传记，令传万世乎！若无鬼神，岂可不自心惭愧；若有鬼神，将不福人；仆虽騃，亦粗知自爱，实不敢率尔为也。夫圣唐巨迹，及贤士大夫事，皆磊磊轩天地，决不沉没。今馆中非无人，将必有作者勤而纂之。后生可畏，安知不在足下，亦宜勉之。

他这封书，范文澜先生在注《文心雕龙》时举为无史胆和史责的例子，特别将其全文附录。

在这篇文中，韩愈开始就以孔子、齐太史兄弟、左丘明、司马迁等人为例，说忠实作史书者都没好下场，并说刘秀才说的吴竞，也是一样“不闻身贵而今其后有闻也”。然后声称：“夫为史者，不有人祸，则有天刑，岂可不畏惧而轻为之哉！”而他做这个官，纯粹是宰相让他做的，不是自愿的，况且人有爱憎，传言不同，没办法“承受取信”知道事实，而“馆中非无人，将必有作者勤而纂之”，这话不免可笑，如他所言，如此多的先贤因为写史而招祸没有好下场，人人亦如他这般不知道如何“承受取信”，那史馆里还有谁去做史书？最后韩愈更是不忘记讥讽多事的刘秀才，说：“后生可畏，安知不在足下，亦宜勉之。”这与他先前声称自己要“求国家之遗事，考贤人哲士之终始，作唐之一经，垂之于无穷。诛奸谀于既死，发潜德之幽光”的志向，相去何其远也！其为官为人之品，由此亦可略见一斑。

韩愈的好友柳宗元，这时在永州，闻言遂愤而作了著名的《与韩愈论史官书》，与之理论道：“凡居位，思直其道。道苟直，虽死不可回也；如回之，莫若亟去其位。”后来明末王夫之也在《读通鉴论》中直斥其“所奉者义也，所志者利也”。这句话，实在是点出了韩愈一生行事的行为准则。不过王夫之对韩愈的道、德、诗、文是无一个看得起的，他对韩愈的评价虽然不错，但对韩愈全部成就一概予以否定却是失之偏颇了，无论如何，韩愈在诗、文上的成就，还是相当之高并且值得我们推崇的。

注：本文中引韩愈诗未注明作者，均出自《全唐书》和《昌黎先生集》。

华夏文学中兴的奠基者汉灵帝

汉灵帝，名宏，肃宗玄孙。世封解渎亭侯，桓帝崩，无子，皇太后与父城门校尉窦武定策禁中，建宁元年（168）春正月壬午，以青盖车迎入殿中。庚子，即皇帝位，年十二。改元建宁。

历史上但凡讨论东汉崩溃，必说桓、灵，以其鬻爵卖官，宠信宦官，导致天下大乱，黄巾蜂起，以至于汉王朝一朝倾覆。

但是，灵帝有一大功劳却是不可以忽略的，那就是因为他，华夏文化在其后的很长一段时间内得到了大力发展，并且也可以说他是中国历史上科举制度的奠基者之一，甚至是个始作俑者。

灵帝曾经下诏，命各地引召太学生中能为文、赋者待制京城洛阳鸿都门下，以后又将许多善尺牍和工书鸟篆者都加以引召，于是遂有数十人。至灵帝光和元年（178）二月：

置鸿都门学，画孔子及七十二弟子像。其诸生皆州、郡、三公举用辟召，或出为刺史、太守，入为尚书、侍中，乃有封侯赐爵者。

鸿都门学中诸生，专习辞、赋、书、画，最后人数多至千人，学成后多授予高官。其中师宜官、梁鹄、毛弘等均是当时著名的书法家。魏武帝曹操就极喜梁鹄书法，常将他的条幅用钉钉于墙上，或悬挂于军帐中把玩。

因校址在洛阳鸿都门而得名的鸿都门学之设立，是我国古代文学史上有着相当重要地位的事件。

究其原因，乃是由于鸿都门学的设立，第一次由官方确立了不同于太学以经学入仕，而是以文艺才能取士的标准。在此以前，可以说基本上没有专门的文人，屈原、宋玉、司马相如等，都并非专业的文人。即使是那时候所说的文人，其概念也仅局限于经学，倘若是以辞赋书画取胜者，则均以为属雕虫小技，归为“冠履倒易”、“无行趣执之徒”而不屑一顾，甚至“士君子皆耻与为列焉”①。鸿都门学所招收的学生和教学内容都与太学相反。学生由州、郡、三公择优选送，多数是被士族看不起的社会地位不高的平民子弟。并开设辞赋、小说、尺牍、字画等课程，打破了专习儒家经典的惯例。此举为后来特别是唐代的科举和设立各种专科学校奠定了基础。

---

① 《后汉书·蔡邕列传》：初，帝好学，自造皇羲篇五十章，因引诸生能为文赋者。本颇以经学相招，后诸为尺牍及工书鸟篆者，皆加引召，遂至数十人。侍中祭酒乐松、贾护，多引无行趣执之徒，并待制鸿都门下，陈方俗闾里小事，帝甚悦之，待以不次之位……光和元年，遂置鸿都门学，画孔子及七十二弟子像。其诸生皆州、郡、三公举用辟召，或出为刺史、太守，入为尚书、侍中，乃有封侯赐爵者，士君子皆耻与为列焉。

汉灵帝之所以会喜欢此类被士大夫们视为不入流的玩意，和他的出身有着很大关系。

他这个皇上，是因为桓帝崩后无子，因此被选中当了皇上。用现在的话说，其出身应该是属于中小地主一类，甚至还有所不及。因为汉朝亭侯，食邑不过百户，收入大致和一个二千石吏相差无几，而且还没有官吏的权势可以去巧取豪夺。而汉初的一些二千石廉吏，到死后基本家无余财，况且东汉末的二千石。因此他作为解渎亭侯，幼时生活应该是比较贫困的。这个贫困当然是相比较而言，比起活不下去的老百姓还是强多了。

从这样的生活环境来看，那他当上皇帝后的一些看似古怪的行为就可以解释了。

> （光和四年，即公元 181 年）帝作列肆于后宫，使诸采女贩卖，更相盗窃争斗。帝著商贾服，从之饮宴为乐。又于西园弄狗，著进贤冠，带绶。又驾四驴，帝躬自操辔，驱驰周旋；京师转相仿效，驴价遂与马齐。帝好为私稸，收天下之珍货，每郡国贡献，先输中署，名为“导行费”……①

一个皇帝居然要从郡国贡献中收受回扣，包括他西园卖官，这些古怪举动其实都反映了他处于当时比较贫困，以及社会地位不高的中小地主阶层和市井商贾们的意识，一旦他当了皇帝，予取予舍，便再无人可以制约他，所以他这些小时候的向往就可以通过各种形式来表达了。也因此他才会喜欢那些招

---

① 《资治通鉴》第五十八卷。

来的鸿都学生“陈方俗闾里小事”，也更喜欢那些接近平民的辞赋书画而不喜欢经学。从这个角度考虑，他的所作所为就比较正常和符合逻辑了。

他的这些举动，在他本人来说并无什么很大意义，但是对中国后世的影响，可以说是极其巨大的。

自灵帝始，至建安年间以至东西晋，出现了极多的文人，并且取仕的标准不再局限于经学。三曹自不待言，由于他们身份比较特殊，所以在他们的努力下，由鸿都门学始而倡抬辞赋书画的风气更得以发扬光大，如陈琳、王粲等建安七子，基本都以此进身，余者不可胜数。

而自此中国取仕的九品中正制以及在隋唐最终确立的科举制度，都开始了以文取仕的标准，不再局限于经学。也因为不再限制门第，极多出身寒门的饱学之士有了进身之阶，也因此有了魏晋唐宋后华夏文学的一时昌盛。而这些究其本源，实起自灵帝设立鸿都门学。因此，华夏文学的中兴和灵帝其实有着莫大关系，说他是奠基人和始作俑者并不是夸大其词。

辛稼轩《水龙吟·过南剑双溪楼》词中的几个典故

辛弃疾，大家都很熟悉，关于他的生平和在文学史上的地位等，想来应该我是不用多说的，我这里想说的是他在《水龙吟·过南剑双溪楼》一词中援引的几个关于魏晋时期的典故。关于这首词的评论和点评也很多，而我在诗词上的造诣实在是很有限，所以不敢多说，只是说说这几个典故的出处。

辛稼轩作词，和李商隐一样喜欢援引典故，这是他的一个风格（这样好还是不好暂且不论），他在《水龙吟·过南剑双溪楼》一词中，先后引用了有关魏晋时期的三个典故，词的全文是这样的：

水龙吟·过南剑双溪楼

举头西北浮云，倚天万里须长剑。
人言此地，夜深长见，斗牛光焰。

我觉山高，潭空水冷，月明星淡。
待燃犀下看，凭栏却怕，风雷怒，鱼龙惨。
峡束沧江对起，过危楼、欲飞还敛。
元龙老矣，不妨高卧，冰壶凉簟。
千古兴亡，百年悲笑，一时登览。
问何人又卸，片帆沙岸，系斜阳缆？

其中，“斗牛光焰”、“燃犀下看”和“元龙老矣，不妨高卧”三句，就分别是魏晋时期的三个典故。

斗牛光焰，出自《晋书·张华传》：“初，吴（东吴）之未灭也，斗牛之间常有紫气，道术者皆以吴方强盛，未可图也，唯华以为不然。及吴平之后，紫气愈明。”

张华为搞清楚这个事情，遂专门去请教豫章人雷焕，因为据说雷焕“妙达纬象”，即善于观察解释天象。当下雷焕便和张华一起登楼观察天象，之后雷焕告诉张华说这个事情是因为“宝剑之精，上彻于天耳”。张华大喜，说少时有一相者说他年出六十后，会登上三公的位置，而这个时候还当得宝剑佩之，现在看来应该要应验了。接着张华又问雷焕，那宝剑应该在什么地方？雷焕说应在豫章丰城。于是张华任雷焕为丰城令。“焕到县，掘狱屋基，入地四丈余，得一石函，光气非常，中有双剑，并刻题，一曰龙泉，一曰太阿。”他把其中一把送给张华，一把自己用。后来张华被杀，那柄宝剑也在骚乱中失踪。雷焕死后，他儿子雷华带剑经过延平津，“剑忽于腰间跃出堕水，使人没水取之，不见剑，但见两龙各长数丈，蟠萦有文章，没者惧而反。须臾光彩照水，波浪惊沸，于是失剑”①。

辛弃疾在此处援用这个宝剑剑气射斗牛的典故，我认为内里隐喻的含义相当丰富，表现出他当时十分复杂的心情。

“人言此地，夜深长见，斗牛光焰”，在这里他以“斗牛光焰”来代指那些在江南意图收复失土的英雄义士们，把他们比做被深埋地下的宝剑，虽然他们在野不在朝或者在朝不得势，其收复失土的呼声不能被朝廷所采纳，但是他们却代表了大多数爱国人士的意愿，因此他们的思想和呼声犹如深埋地下的宝剑，即使重压深埋之下其光焰也会直指斗牛。

除了上面说的意思外，他用这个典故其中应该还有另一层意思，也就是借这个典故表达对当时的朝廷偏安在江南，即原

---

① 《晋书·张华传》：初，吴之未灭也，斗牛之间常有紫气，道术者皆以吴方强盛，未可图也，唯华以为不然。及吴平之后，紫气愈明。华闻豫章人雷焕妙达纬象，乃要焕宿，屏人曰：“可共寻天文，知将来吉凶。”因登楼仰观，焕曰：“仆察之久矣，唯斗牛之间颇有异气。”华曰：“是何祥也？”焕曰：“宝剑之精，上彻于天耳。”华曰：“君言得之。吾少时有相者言，吾年出六十，位登三事，当得宝剑佩之。斯言岂效与！”因问曰：“在何郡？”焕曰：“在豫章丰城。”华曰：“欲屈君为宰，密共寻之，可乎？”焕许之。华大喜，即补焕为丰城令。焕到县，掘狱屋基，入地四丈余，得一石函，光气非常，中有双剑，并刻题，一曰龙泉，一曰太阿。其夕，斗牛间气不复见焉。焕以南昌西山北岩下土以拭剑，光芒艳发。大盆盛水，置剑其上，视之者精芒炫目。遣使送一剑并土与华，留一自佩。或谓焕曰：“得两送一，张公岂可欺乎？”焕曰：“本朝将乱，张公当受其祸。此剑当系徐君墓树耳。灵异之物，终当化去，不永为人服也。”华得剑，宝爱之，常置坐侧。华以南昌土不如华阴赤土，报焕书曰：“详观剑文，乃干将也，莫邪何复不至？虽然，天生神物，终当合耳。”因以华阴土一斤致焕。焕更以拭剑，倍益精明。华诛，失剑所在。焕卒，子华为州从事，持剑行经延平津，剑忽于腰间跃出堕水，使人没水取之，不见剑，但见两龙各长数丈，蟠萦有文章，没者惧而反。须臾光彩照水，波浪惊沸，于是失剑。华叹曰：“先君化去之言，张公终合之论，此其验乎！”

三国时代的东吴地盘的现状不满，另外也表达了自己收复故土的愿望。

我们看他前面一句："举头西北浮云，倚天万里须长剑"，西北自然是失去的国土，东吴地处东南，西北正是相对而言。"倚天万里须长剑"，说出了他以为唯有仗手中"长剑"，靠武力北伐才能收复那"倚天万里"的西北失土的政治观点，而当时的朝廷却一味地偏安，全然不想北伐，只知和谈，以至于像辛弃疾这样的主战派一直处于被压制的状态，犹如被深埋地下的宝剑。但即使是这样却依然不能改变辛弃疾他们北伐的决心和愿望，也不能让他们束口无言，他们还是会像宝剑光焰射斗牛那样，通过各种途径不屈不挠地来表达他们要收复失土的愿望和决心。

第二个典故"燃犀下看"，也是出自《晋书》。语出《晋书·温峤传》。温峤，字太真。晋江州刺史，持节、都督、平南将军，镇武昌。

温峤曾经击败王含、钱凤、苏峻等人的叛乱，后来返回自己藩镇。之后又因京邑荒残，资用不给，他"借资蓄，具器用"准备输送到京，在经过武昌的时候，"至牛渚矶，水深不可测，世云其下多怪物，峤遂毁犀角而照之。须臾，见水族覆火，奇形异状，或乘马车著赤衣者。峤其夜梦人谓己曰：'与君幽明道别，何意相照也?'意甚恶之。峤先有齿疾，至是拔之，因中风，至镇未旬而卒，时年四十二"。

后人遂多用"犀照牛渚"、"犀燃烛照"等来比喻洞察幽微。然而辛弃疾在这里用此典故，却大有壮志未酬的意思，因为当年的温峤在燃犀下看之后就死了，年方四十二。

"待凭栏却怕，风雷怒，鱼龙惨。峡束沧江对起，过危楼、欲飞还敛”两句，颇有凄凉之意，表现了他虽怀雄心想挥军北伐，但诸多掣肘却使他陷于力有不逮、进退维谷的处境，因此才“待凭栏却怕”、“欲飞还敛”，同时也曲折地指责了那些偏安江南的权臣们的误国行径。

后面一个“元龙老矣，不妨高卧”的典故，是说的三国时期的故事。

据《三国志·魏书·吕布传》中关于陈登的记载和附注说，陈登，字元龙，魏伏波将军，年三十九卒。

《三国志》有：“（吕）布既伏诛，登以功加拜伏波将军，甚得江、淮间欢心，于是有吞灭江南之志……太祖每临大江而叹，恨不早用陈元龙计”云云。

辛弃疾用这个典故，是发生在刘备在投靠刘表以后，有一次在刘表席上谈论人物，在座的许汜说陈登“陈元龙湖海之士，豪气不除”，在那个时候，江湖人士是处于社会下层的，许汜这里说的豪气是“霸道”、“粗鲁”的意思，为贬义用语。于是刘备问刘表道：“许君论是非？”刘表的回答很圆滑：“欲言非，此君（指许汜）为善士，不宜虚言；欲言是，元龙名重天下。”来了个模棱两可、不置可否。于是刘备又问许汜说，你说他“豪”，有事实吗？许汜回答道：“昔遭乱过下邳，见元龙。元龙无客主之意，久不相与语，自上大床卧，使客卧下床。”于是刘备很不客气地说：“君有国士之名，今天下大乱，帝主失所，望君忧国忘家，有救世之意，而君求田问舍，言无可采，是元龙所讳也，何缘当与君语？如小人，欲卧百尺楼上，卧君于地，何但上下床之间邪？”刘表听了哈哈大笑，刘备这个时候并不就此收手，继续又道：“若元龙文武胆志，当求之于古耳，造次难得比也。”[1] 大大地表扬了陈登一下，当然同时也就是把许汜给贬了。

这里要说一下的是许汜这个人。他原是兖州的从事中郎，是曹操的属下，后来他和陈宫、王楷等叛曹操应吕布，以致曹操在一夜之间陷入绝境。他说的“昔遭乱过下邳”，应该是在吕布被曹操击败以后投靠刘备的途中。陈登历来不喜欢吕布，而许汜的人品又不见得好，所以他这么对待许汜，在他而言是很正常的反应。而最有趣的是刘备，他处世一向很圆滑，但是在这里倒居然也一点面子都没给许汜留，甚至干脆直指许汜没有“忧国忘家”的“救世之意”，而且“言无可采”，因此陈登才这样对他，也算得上是一大快事了。不过他这样说，也还有其他的原因在内，因为陈登曾经说过当今世上，他只佩服几个人，分别是陈纪、陈堪兄弟，华歆、赵俨、孔融，还有一个就是刘备，其他的均是“余子琐琐，亦焉足录哉”[2]！

---

① 《三国志·魏书·吕布传》：陈登者，字元龙，在广陵有威名。又掎角吕布有功，加伏波将军，年三十九卒。后许汜与刘备并在荆州牧刘表坐，表与备共论天下人，汜曰：“陈元龙湖海之士，豪气不除。”备谓表曰：“许君论是非？”表曰：“欲言非，此君为善士，不宜虚言；欲言是，元龙名重天下。”备问汜：“君言豪，宁有事邪？”汜曰：“昔遭乱过下邳，见元龙。元龙无客主之意，久不相与语，自上大床卧，使客卧下床。”备曰：“君有国士之名，今天下大乱，帝主失所，望君忧国忘家，有救世之意，而君求田问舍，言无可采，是元龙所讳也，何缘当与君语？如小人，欲卧百尺楼上，卧君于地，何但上下床之间邪？”表大笑。备因言曰：“若元龙文武胆志，当求之于古耳，造次难得比也。”

② 《三国志·陈矫传》：太守陈登请为功曹，使矫诣许，谓曰：“许下论议，待吾不足；足下相为观察，还以见诲。”矫还曰：“闻远近之论，颇谓明府骄而自矜。”登曰：“夫闺门雍穆，有德有行，吾敬陈元方兄弟；渊清玉絜，有礼有法，吾敬华子鱼；清脩疾恶，有识有义，吾敬赵元达；博闻强记，奇逸卓荦，吾敬孔文举；雄姿杰出，有王霸之略，吾敬刘玄德：所敬如此，何骄之有！馀子琐琐，亦焉足录哉？”登雅意如此，而深敬友矫。

辛弃疾在这里引用这个典故，一股心灰意冷的心态已经跃然纸上，同时也完成了全词从开始时壮志雄心的“倚天万里须长剑”，到后来因为被压制而无力北伐的“待燃犀下看，凭栏却怕”，最后只能无奈感叹“元龙老矣”这样一个完整的心理转折历程。想那陈元龙何等豪气，手无一兵之时助曹操覆灭吕布，心怀“吞灭江南之志”，于三十九岁的壮年抱憾而终，而辛弃疾却说他老矣，“不妨高卧，冰壶凉簟”①，此乃是正话反说，把自己的一派灰心意思表露无疑，同时也表明了他把当朝的误国权臣们看作都是和许汜之流一样，都是些没有“忧国忘家”、“救世之意”又“言无可采”之人，对他们格外地不屑。

词最后“千古兴亡，百年悲笑，一时登览。问何人又卸，片帆沙岸，系斜阳缆”几句，悲愤、凄凉和感叹之情兼而有之，如果联想辛弃疾一生金戈铁马力图收复失土，却始终郁郁不得志的生平，读来着实会让人泣下不已。

① 《孟子》中有“簟食壶浆”句，这里应该是衍生义。

中国“第一”丞相

要说中国历史上哪个丞相最好，恐怕不那么容易，而要说哪一个最不好，似乎也不那么轻松，实在有许多丞相好坏得各有千秋，难分伯仲。但是要说为人、行事、德才不相称，算得上最出格或者最不可思议的，那非北齐的祖珽莫属。

何以称他为第一呢？盖因其在历代丞相中，是唯一一个有盗窃癖的丞相，又其人品行之恶劣以及才华之高并存于一人身上，为时所仅见，而且他的为人行事的自相矛盾之处，也可以称得上罕见之至。

祖珽，字孝征，范阳狄道人，一说猷县（今河北定县）人，父祖莹，魏护军将军。

祖珽自幼天资过人，事无难学，凡诸才艺，莫不关心，好读书，工文章，词藻刚健飘逸，于文章之外，又工音律，善弹琵琶，能作新曲，并识懂四夷之语，善阴阳占侯之术，而医术尤为所长，为当时名医。其人之博学多才冠绝当时，为南北朝时的一大奇才，他又神情机警能断事，故少有美名，为时人所推崇。

祖珽初为秘书郎，后迁尚书仪曹郎中。北齐真正的创始人东魏大丞相高欢（字贺六浑）见其所作的《清德颂》，喜之，遂召见口授三十六事，祖珽出而书之，一无所失，大为所赞。兰陵公主（北魏孝文帝女）出嫁蠕蠕（柔然），著作郎魏收（《魏书》作者）作《出塞》、《公主远嫁》诗两首，祖珽皆和之，时人均广为传抄吟咏。并州定国寺新建成，高欢欲请人作词，问相府功曹参军陈元康，元康荐珽才学并说其能解鲜卑语，珽二日成之，其文甚丽，高欢悦之。

然祖珽生活放纵淫乱，与陈元康时常作声色游。一日邀友至家，出山东大文绫与连珠孔雀罗令诸妇为赌博戏，又迎参军元景献之妻赴席与众人递寝。还长期与寡妇王氏公开往来，并言："丈夫一生不负身。"

珽又有盗窃癖。胶州刺史司马云宴客，珽盗铜碟两面，厨人请搜座上客，最后于珽怀中得之，见者深以为耻。高欢请诸僚，于席上失金叵罗（酒器），御史中尉窦泰请令在座者去冠，又于珽发结上得之，高欢重其才而不问。为尚药丞时，又盗胡桃油，觉之被免官。因此文宣帝见之每常呼其为"贼"。有外地客至，欲卖《华林遍略》与高澄，高澄便多集书人，一日一夜抄写完毕，退还其书曰："不须也。"而珽竟然又盗《遍略》数页拿来当钱赌博，高澄因此杖之四十。东魏武定七年(549)，陈元康与高澄（高欢子）同时遇害，元康重伤时请祖珽代作家书，内有"祖喜边有少许物，宜早索取"一句，珽遂匿其书，召祖喜问，得金二十五锭，与喜两锭，余皆归己，又盗元康藏书数千卷，祖喜于是告诉元康的两个弟弟叔谌、季璩，叔谌又告诉吏部尚书杨愔，愔以"恐不益亡者"，因此得平息事态。及高洋为相，祖珽又盗官书一部，夜捕之，按律当绞，高洋以其前事高欢而免其死。凡此事迹不可胜数，按现在的话说，就是个屡教不改的惯犯，可称劣迹斑斑。

祖珽除有盗窃癖外，还贪污不断。先，珽为并州仓曹参军，胁诱典签陆子先在请粮之际，令子先宣教出仓粟十车，送僚官，高欢问之，祖珽自言不署，归罪子先，高欢信而释之。珽出而竟然言曰："此丞相天缘明鉴，然实孝征所为。"小人得意之情溢于言表。又与令史李双、仓督成祖等作晋州启事，请粟三千石，代功曹参军赵彦深告高欢，给城局参军。事过典签高景略，景略疑其不实，密以问彦深，彦深等答曰并无此事，遂被推检，高欢大怒，决鞭二百，配甲坊，加钳刑。后高洋命之拟补令史十余人，居中大肆受贿，卖官鬻爵。

祖珽为人极其善于钻营，他长于以胡桃油做画（不知道此胡桃油是否前次盗得之物？可发一笑），又擅阴阳占卜，因此以画进长广王高湛言曰："殿下有非常骨法，孝征梦殿下乘龙上天。"湛谓曰："若然，当使兄大富贵。"及皇建二年（561）高湛即位，是为武成皇帝，遂拜祖珽中书侍郎。帝于后园使珽弹琵琶，和士开（太子高纬养母陆令萱养子）胡舞，各赏物百段。和士开深忌之，乃使出祖珽为安德太守。

祖珽知道和士开为宠臣，乃于入为太常少卿的时候，大肆结纳陆令萱母子（令萱子穆提婆先后为尚书左右仆射、领军大将军、录尚书事）及和士开。时皇后爱少子东平王高俨，珽私与士开曰："君之宠幸，振古无二。宫车一日晚驾，欲何以克终？"士开因求策于祖珽，珽曰："宜命皇太子早践大位，以定君臣。若事成，中宫少主皆德君，此万全计也。君且微说，令主上相解，珽当自外表论之。"当时有彗星出，太史奏有易主之象，珽于是上书，言：“陛下虽为天子，未是极贵。案《春秋元命苞》云：‘乙酉之岁，除旧革政。’今年太岁乙酉，宜传位东宫，令君臣之分早定。且以上应天道。”并上魏献文禅子故事，高湛从之，为太上皇，后主高纬即位，由是拜祖珽秘书监，加仪同三司，大被亲宠。

祖珽受宠，因此有志于宰相之位。祖珽与黄门侍郎刘逖友善，乃上疏言侍中尚书令赵彦深、侍中左仆射元文遥、侍中和士开罪状，令逖奏之。逖惧，不敢通，其事颇泄。彦深等先诣高湛陈说。高湛大怒，执珽诘曰：“何故毁我士开？”珽厉声答曰：“臣由士开得进，本无心毁之。陛下今既问臣，臣不敢不以实对。士开、文遥、彦深等专弄威权，控制朝廷，与吏部尚书尉瑾内外交通，共为表里，卖官鬻狱，政以贿成，天下歌谣。若为有识所知，安可闻于四裔？陛下不以为意，臣恐大齐之业堕矣！”上曰：“尔乃诽谤我。”珽曰：“不敢诽谤陛下取人女。”上曰：“我以其饥饿，故收养之。”珽曰：“何不开仓赈给，乃买取将入后宫乎？”上怒，以刀环捣祖珽口，又鞭杖乱下，欲扑杀祖珽，祖珽遂大呼曰：“不杀臣，陛下得名；杀臣，臣得名。若欲得名，莫杀臣，为陛下合金丹。”上闻言而稍稍宽放，哪知道祖珽又曰：“陛下有一范增不能用，知如何！”上又怒曰：“尔自作范增，以我为项羽邪？”珽曰：“项羽人身亦何由可及，但天命不至耳。项羽布衣，率乌合众，五年而成霸王业。陛下藉父兄资财得至此，臣以谓项羽未易可轻。臣何止方于范增？纵拟张良，亦不能及。张良身傅太子，犹因四皓，方定汉嗣。臣位非辅弼，疏外之人，竭力尽忠，劝陛下禅位，使陛下尊为太上，子居宸扆，于己及子，俱保休祚。蕞尔张良，何足可数！”因此高湛盛怒，令以土塞其口，珽且吐且言，无所屈挠。高湛乃鞭祖珽二百，配甲坊，为深坑，置祖珽于内，严加防禁，脚镣手铐不离其身，家人亲戚不得临视，夜中以芜菁子烛熏眼，因此失明。

祖珽此次与高湛的论战，言辞之间对皇帝的犀利无礼，堪称古今罕见，其矛头直指高湛劣行，而究其本源，却居然是为了争权，并且险些因此身死名灭，真不知道该说他是聪明还是愚鲁，而这回还与他一贯的阿谀奉承的风格大相径庭，实为异数。其人自负傲慢，为追逐功名而抗上不礼，阿谀奉承中突然又大有一股强项之态，如此矛盾之态竟然并存于一身，确实可称之为罕见。

祖珽又深有谋略，善于断事。高湛死后，后主忆祖珽扶立之功，命为海州刺史。当时陆令萱、穆提婆当权，珽乃与令萱弟悉达书曰："赵彦深心腹阴沈，欲行伊、霍事，仪同姊弟岂得平安！何不早用智士邪？"和士开亦以珽能决大事，便弃除旧怨，虚心待之以为谋主。又与陆令萱言于后主曰："襄、宣、昭三帝，其子皆不得立，令至尊独在帝位者，实由祖孝征，又有大功，宜重报之。孝征心行虽薄，奇略出人，缓急真可凭仗。且其双盲，必无反意。请唤取，问其谋计。"后主从之。遂入为银青光禄大夫、秘书监，加开府仪同三司。和士开死后，祖珽说陆令萱出司空赵彦深，以珽为侍中。在晋阳又通密启，请诛琅邪王。其计既行，权势日大。后来灵太后被幽，珽欲以陆令萱为太后，便撰魏帝皇太后故事，为令萱言之。谓人曰："太姬虽云妇人，实是雄杰，女娲以来无有也。"令萱亦称珽为"国师"、"国宝"。由是拜尚书左仆射，监国史，加特进，入文林馆，总监撰书；封燕郡公，食太原郡，给兵七十人。所住宅在义井坊，旁拓邻居，大事修筑。陆令萱亲自往行，自此威镇朝野。

祖珽一旦掌权以后，便开始大肆陷害忠良，排除异己。当时斛律光以军功累官至大将军，又袭咸阳郡王，拜左丞相。他有一个女儿做了皇后，两个女儿是太子妃，子弟皆封侯作将，还娶了三位公主，其弟羡为都督幽州刺史，与光均是北齐名将，敌国畏之。斛律光甚恶祖珽，曾遥见窃骂："多事乞索小人，欲作何计数！"又谓诸将云："边境消息，处分兵马，赵令恒（赵彦深）与吾等参论之。盲人（指祖珽，因其眼盲）掌机密来，全不共我辈语，止恐误他国家事。"当时的北周名将韦孝宽深知斛律光其人为北周大患，又是北齐庭柱，所以用反间计，散布谣言，珽闻之而大喜，因斛律光之女皇后无宠，便以谣言闻上，曰："百升飞上天，明月（斛律光字明月）照长安。"令其妻兄郑道盖奏之。后主问珽，珽证实后又伪造谣言说："高山崩，槲树举，盲老公背上下大斧，多事老母不得语。"珽并云："盲老公是臣"，自云与国同忧戚，劝后主行，还说："其多事老母，似道女侍中陆氏（陆令萱）。"后主问韩长鸾、穆提婆等，并令高元海、段士良密议之，众人未从。因光府参军封士让启告光反，遂灭其族。后来北周武帝灭北齐，入邺城时曾说如斛律光在，我焉能入此地，遂追封斛律光官爵以表彰其人功业。

珽此时政权在手又求为领军，欲掌兵权，后主许之，命侍中斛律孝卿署名。孝卿密告高元海，元海语侯吕芬、穆提婆云："孝征汉儿，两眼又不见物，岂合作领军也？"明旦面奏，具陈珽不合之状，并书珽与广宁王孝珩交结，无大臣体。珽亦求面见，后主令引入。珽云："与元海素嫌，必是元海谮臣。"后主不善作伪，不能隐之，便曰："然。"于是祖珽列元海共司农卿尹子华、太府少卿李叔元、平准令张叔略等结朋树党。遂除子华仁州刺史、叔元襄城郡守、叔略南营州录事参军。陆令萱又唱和之，终于使元海出为郑州刺史。

祖珽此时大权在握，又总知骑兵、外兵事。内外亲戚，皆得显位。后主亦令中要数人扶侍出入，著纱帽直至永巷，出万春门向圣寿堂，每同御榻，论决政事，委任之重，群臣莫比。而北齐自和士开执事以来，政体隳坏，此刻祖珽遂致力朝政，他的治政能力颇强，又推崇高望，一时间官人称职，内外称美。祖珽又复欲增损政务，沙汰人物。便要奏罢京畿府并于领军，事连百姓，皆归郡县，而宿卫都督等号位都从旧官名，文武服章并依故事。还欲黜诸宦官、内侍及群小，推诚各地名士。这一来，得罪了陆令萱、穆提婆母子，于是陆令萱、穆提婆和诸宦官更共谮毁之，无所不至。后主问陆令萱三个问题，陆令萱乃下床拜曰："老婢合死，本见和士开道孝征多才博学，言为善人，故举之。此来看之，极是罪过，人实难容，老婢合死。"后主令韩凤检案，得祖珽伪造诏书十余份，后主因为以前曾与其重誓所以不杀，遂解珽侍中、仆射，出为北徐州刺史，这场宫廷权力斗争最后以祖珽失败而告终。

北徐州乃与南陈交界，陆令萱、穆提婆等人以祖珽为刺史，实际是想借南陈军之手除掉他。因此在南陈军进攻徐州的时候，穆提婆欲徐州城陷而杀祖珽，所以虽知危急，不遣救援。祖珽也知道不可能指望救援，于是不闭城门，令守军都下城静坐，街巷禁止人行，鸡犬不听鸣吠。陈军见此情形，莫测所以，怀疑是人走城空，所以不设警备。至夜，祖珽忽令大叫，鼓噪震天，陈军大惊，登时走散。后复结阵来攻城，祖珽又乘马亲自出击，并令录事参军王君植率兵马，亲临战场。陈军先闻祖珽是盲人，以为必不能拒抗，哪知道突然见他亲在沙场，弯弓纵箭，于是相与惊怪，畏之而罢兵，祖珽且守且战十余日，陈军终于退走，徐州遂得以保全。祖珽最后卒于徐州。

祖珽此人，文武并驰，才华横溢，一时无双，但品行恶劣，既有盗窃癖，又贪污成性，结党营私，陷害忠良，阿谀奉承，偏又有时不谀皇帝，为打击对手不惜以性命作注，而且还不见好就收，凡此种种，实在是很难给这个人以一个很贴切的评价。但是像他这样患有盗窃癖，集诸多恶行和才华于一身，善于阿谀投机而又有强项之举的丞相，在历史上实在很难再举出第二人来，所以虽然说他第一，却是不知道说他是什么第一为好了，于是只好写出来让大家评判一下。

外　篇

魏晋风度及药石与春药及性之关系

魏晋风度，在中国历史上一直是文人士大夫们所津津乐道的话题和追崇的典范。

在很多人看来，魏晋风度是一种真正的名士风范，所谓“是真名士自风流”，由正始才俊何晏、王弼到竹林名士嵇康、阮籍，中朝隽秀王衍、乐广至于江左领袖王导、谢安，莫不是清峻通脱，表现出的那一派“烟云水气”而又“风流自赏”的气度，几追仙姿，为后世景仰。

鲁迅在其著名的演讲《魏晋风度及文章与药及酒之关系》中，不但谈到了魏晋风度和何晏等人物，同时亦多处提到了由何晏大力倡导服用的药物“五石散”。

实际上，我们在谈论魏晋风度时，必定会说到这个“五石散”，因为两者几乎是联系在一起的。而服食“五石散”的风气自被何晏倡导并开始流行后，由魏晋至唐，名士们趋之若鹜，历整整五六百年而未有间断，且颇有发展，仅在《隋书·经籍志》中就著录了二十家“五石散”的解散方。

这个与魏晋风度一样，在中国历史上极其著名的“五石散”，又叫“寒食散”，一般认为是由东汉的张仲景发明的。因为最早注明“宜冷食”将息的“侯氏黑散”和最早直呼“寒食”的“紫石寒食散”，都是首见于张仲景《金匮要略方论》中的《伤寒杂病论》一篇，所以隋代的巢元方在他的《诸病源候论》里引晋名医皇甫谧语道：“寒食、草石二方出自仲景。”张仲景合此药的主要目的，是用它来治疗伤寒（这个伤寒指的是感冒伤风一类的病，也就是古人说的风邪入侵，而不是指现代的伤寒症——typhoid）。

那么这个“五石散”或者说“寒食散”，到底是个什么东西呢？我们不妨先从名字上说起。

称它“五石散”，因为它是用石钟乳、紫石英、白石英、石硫磺、赤石脂五味石药合成的一种中药散剂，而之所以又被称为“寒食散”，乃是因为服用此药后，必须以食冷食来散热而得名。不过因为“五石散”的药性非常猛烈而且复杂，所以仅仅靠“寒食”来散发药性是远远不够的，还要辅以冷浴、散步、穿薄而旧的宽衣等各种举动来散发、适应药性，即所谓的“寒衣、寒饮、寒食、寒卧，极寒益善”，只有一样是要例外的，那就是饮酒要“温”。此类举动称之为“散发”和“行散”等。只不过倘若药性散发不出来，又必须再服其他药来引发，药性如显现则称之为“石发”。

组成“五石散”的那些石药，从西汉名医淳于意的《诊籍》来看，最早从扁鹊开始就已经被用来治病了：“阴石以治阴病，阳石以治阳病。”而淳于意还有“中热不溲，不可服五石”一说。在同一时期的文学作品中，屈原《楚辞》里亦有“登昆仑兮食玉英，与天地兮比寿”的句子，由此可知

南京博物馆藏竹林七贤与荣启期画像砖

早在春秋战国时期，人们已经开始服用石药，并一直延续到汉朝。

记载秦汉医学成就的药物学专著《神农本草经》，虽然在唐代初年就已失传，但在后人的辑本中，我们还是可以了解到在秦汉时期是把丹砂、石钟乳、石胆、曾青、禹余粮、白石英、紫石英、五色石脂等 18 种石药，全都列于能“轻身益气、不老延年”的上品药中的。而马王堆汉墓出土的帛书《养生方》中更有记载云“冶云母以麦籍为丸如酸枣大”，服后“令人寿不老”等，可见石药在当时地位是相当高的。

等到了正始名士何晏的手上，他因体弱，乃自合药剂，由于“寒食散”药性猛烈，在汉时服用者尚不多，所以他在改进了前人的方子后方始服用（估计是加了配药或者调节剂量，我们现在已经不得而知了），后自觉良好，因而大力提倡，终成累世之风①。同时由于这个药的材料很贵，所以到后来服用此药竟渐渐成为一种身份的象征，甚至有假装“石发”来表示自己富贵身份者，《太平广记》卷二四七引侯白《启颜录》载：

> 后魏孝文帝时，诸王及贵臣多服石药，皆称石发。乃有热者，非富贵者，亦云服石发热，时人多嫌其诈作富贵体。有一人于市门前卧，宛转称热，要人竞看，同伴怪之，报曰：“我石发。”同伴人曰：“君何时服石，今得石发？”曰：“我昨市米中有石，食之今发。”众人大笑。自后少有人称患石发者。

魏晋名士们最被人追崇仪态和风度的标志，便是他们宽袍大袖之飘逸风姿和惊世骇俗的举动。而在我看来，这些实是与服药有着莫大关系。

首先，服食“五石散”之最直接后果，乃是形态举止大异常人。

凡石钟乳、紫石英、白石英、石硫磺、赤石脂此五石，皆为燥温之物，服食以后五内如焚，亟须以行走发汗来驱发药性，因而魏晋文献和此后的记载以及文学作品中多有“行散”、“行药”一说。比较著名的就有《世说新语》中记载的几则，其中一个是王恭的事迹：

---

① 《世说新语·言语》：“何平叔云：服五石散，非唯治病，亦觉神明开朗。”刘孝标注引秦丞相（按：当作秦承祖）《寒食散论》说：“寒食散之方，虽出汉代，而用之者寡，靡有传焉。魏尚书何晏首获神效，由是大行于世，服者相寻。”隋巢元方《诸病源候论》卷六《寒食散发候》：“皇甫（谧）云：寒食药者……近世尚书何晏，耽声好色，始服此药。心加开朗，体力转强。京师翕然，侍以相授……晏死之后，服者弥繁，于时不辍。”

王孝伯在京，行散至其弟王睹户前，问："古诗中何句为最？"睹思未答。孝伯咏："所遇无故物，焉得不速老？"此句为佳。

而另一则是正好碰上了行散的上司，因此靠一句话救了全家一命的：

谢（重）景重女适王孝伯儿，二门公甚相爱美。谢为太傅长史，被弹；王即取作长史，带晋陵郡。太傅已构嫌孝伯，不欲使其得谢，还取作咨议，外示絷维，而实以乖间之。及孝伯败后，太傅绕东府城行散，僚属悉在南门，要望候拜。时谓谢曰："王宁异谋，云是卿为其计。"谢曾无惧色，敛笏对曰："乐彦辅有言：岂以五男易一女？"太傅善其对，因举酒劝之曰："故自佳，故自佳。"

后世这类记载和描写也不在少数，如鲍照的诗作《行药至城桥东》，元稹的"行药步墙阴"和常建诗"行药至石壁，东风变萌芽"等，均为此类举动的直接写照。

由此我们可以想见，当服食"五石散"成为一种类似吃摇头丸一样的时尚后，魏晋名流们便纷纷服用以示身份，并在其后出门行走，只是此等举动大多实是一种不得已之行为，并非如我们想象的那般逍遥，因为他们必须疾步行走到出一身汗方好。因此梁实秋先生曾经小小地幽了他们一默：

六朝人喜欢服五石散，服下去之后五内如焚，浑身发热，必须散步以资宣泄。……这种散步，我想是不舒服的。肚里面有丹砂雄黄白矾之类的东西作怪，必须脚步加快，步出一身大汗，方得畅快。我所谓的散步不这样的紧张，遇到天寒风大，可以缩颈急行，否则亦不妨迈方步，缓缓而行。培根有言："散步利胃。"我的胃口已经太好，不可再利，所以我从不跄踉地越路。①

另外还有诸如暴躁而口发狂言，桀骜无礼或赤膊跣奔等放浪形骸的荒诞举动，也大都有着这个原因。

五石散中含有硫化物等毒性成分在内，食后极易性格暴躁。鲁迅因此说：

晋名人皇甫谧作一书曰《高士传》，我们以为他很高超。但他是服散的，曾有一篇文章，自说吃散之苦。因为药性一发，稍不留心，即会丧命，至少也会受非常的苦痛，或要发狂；本来聪明的人，因此也会变成痴呆。所以非深知药性，会解救，而且家里的人多深知药性不可。晋朝人多是脾气很坏，高傲、发狂、性暴如火的，大约便是服药的缘故。比方有苍蝇扰他，竟至拔剑追赶；就是说话，也要胡胡涂涂地才好，有时简直是近于发疯。但在晋朝更有以痴为好的，这大概也是服药的缘故。②

---

① 《散步》。

② 《魏晋风度及文章与药及酒的关系》。

唐代名士、肃宗李亨的布衣之交李泌，也是因“服饵过当，暴成狂躁之疾，以至弃代”。

由此可见，魏晋名士们或暴躁或口发狂言的狂傲风范，是与服药有一定关系的，并非全都纯出自然。

由于在服药之后除行散以外，尚要饮温酒来借酒力发散药性，于是魏晋名士大多好酒，这个事情大家实在太熟悉，举不胜举，所以就不多说了。但喝酒还曾经喝出这样的事情，据《世说新语》载：

> 桓（玄）南郡被召作太子洗马，船泊荻渚，王（忱）大服散后已小醉，往看桓。桓为设酒，不能冷饮，频语左右：“令温酒来！”桓乃流涕呜咽，王便欲去。桓以手巾掩泪，因谓王曰：“犯我家讳，何预卿事！”王叹曰：“灵宝故自达。”

两汉魏晋时，当面言及对方长辈的名讳是非常犯忌而且无礼的事情。桓玄也曾手握重兵雄镇一方，此刻虽然失势，但也不可轻侮。那王忱估计吃了药再喝了酒以后，便假装神志有点不大清醒，当面屡犯桓温名讳，但是也因他服石之故，桓玄此刻就可以不以为忤，反为对方开解，这样自己不会丢面子，还阻止了他继续攻击自己。这从另一面说明，在当时那些服药以后所做的不合常理甚至是极其无礼的举动，通常是会被人谅解，甚至被推许为名士风范的。

另外，为后世津津乐道所推崇的魏晋风度中“扪虱而谈”

之从容风范，系典出王猛[1]，然王猛是不是服药因史无记载，是以我们不得而知。但在魏晋时期，虱子这个讨厌的东西，倒确确实实是经常和名士们联系在一起。《世说新语》一则记曰：

顾和始为扬州从事，月旦当朝，未入，顷停车州门外。周侯诣丞相，历和车边，和觅虱，夷然不动。周既过，反还，指顾心曰："此中何所有？"顾搏虱如故，徐应曰："此中最是难测地。"周侯既入，语丞相曰："卿州吏中有一令仆才。"

竹林名士嵇康亦服药，在其名篇也可以说是导致他身死的《与山巨源绝交书》中道"性复多虱，把搔无已，而当裹以章服，揖拜上官，三不堪也"，又有"心不耐烦"云云，其中的"心不耐烦"或为托词，但是也不能排除是服药后导致脾气暴躁的后遗症。

如果联系历代医书记载中服"五石散"后的症状，因人的皮肤不但燥热，而且异常敏感，所以在石发时要穿薄而宽大、未浆洗的软旧衣，不能穿厚实或者未脱浆的新衣，以免不能散热和衣服摩擦皮肤导致不适。那么我们就可以知道对嵇康而言，要他穿着浆洗干净并且严实的朝服，去揖拜上官，实几与酷刑无异，故不堪也。后来的桓温也有这个毛病：

桓车骑不好着新衣，浴后，妇故送新衣与车骑。

---

① 王猛（325—375），字景略，北海剧（今山东寿光）人。《晋书·王猛传》："桓温入关，猛被褐而诣之，一面谈当世之事，扪虱而言，旁若无人。"

南京博物馆藏竹林七贤与荣启期画像砖

大怒，摧使持去。[①]

不过这衣服若是时常不洗，软固然是软了，但是只怕虱子也因此便在身上繁荣起来。所以当时的名士也就和虱子结下了不解之缘。魏晋名士由服药导致的不卫生习惯而引发之寄生虫祸害，居然可以成为后世美谈和追崇的风范，此亦恐是他们所始料不及的。

由此我们也可以知道，所谓魏晋风度那宽袍大袖的飘逸风姿，只怕一多半也是与这个有关系的。乃因穿厚衣和窄衣，对于服药者几乎是不堪忍受的，外加药性之燥热，即使是赤身裸体也未必解热，竹林七贤之一的刘伶就经常脱衣裸体在屋中。

---

① 《世说新语》。

晋名士兼名医皇甫谧语："又服寒食药，违错节度，辛苦荼毒，于今七年。隆冬裸袒食冰，当暑烦闷。"皇甫谧服食不当，七年下来还要在冬天袒身吃冰来压制，更有"……或暴发不常，夭害年命，是以族弟长互，舌缩入喉；东海王良夫，痈疮陷背；陇西辛长绪，脊肉溃烂；蜀郡赵公烈，中表六散，悉寒石散之所为也"[①]，其药性之猛及燥热难耐的程度可见一斑。

倘若照此说来，魏晋名士大袖飘飘的俊逸风度，似乎便不是那样的只有唯美和洒脱了，其中还颇有行散发药的成分在内，这一想于是不免叫人有些遗憾。

然此药的药性如此危险及剧烈，那服食"五石散"的首倡者何晏，他又何以要服用此药呢？

何晏此人除了是魏晋玄学宗师之一，开正始风气之先之外，本身还是个美男子并且好色。《世说新语·容止》："何平叔美姿仪，面至白；魏明帝疑其傅粉。正夏月，与热汤饼。既啖，大汗出，以朱衣自拭，色转皎然。"后人因以"面如傅粉"来形容男子美貌。《三国志》则曰"（何）晏性自喜，动静粉白不去手，行步顾影"，然后又云"（何）晏尚（公）主，又好色，故黄初时无所事任"，皇甫谧亦言其"耽声好色"，这个何晏在娶了公主后还敢四处渔色，色胆不可谓不小，好色之心不可谓不盛。因此此人既是美男子又好色的这个事情，应该是确凿无疑的。而他好色的直接后果，自然便是体虚了，是以皇甫谧才直说他因好色之故才服食"五石散"。

综上所述，他服药的原因主要是两个，不过也可以说其实就是一个原因，即他因沉迷于声色之中，导致身体虚弱，因此服用"五石散"。也就是皇甫谧所说的："……何晏，耽声好

① 《寒食散论》。

色，始服此药”。而在服用以后，由于自觉“心加开朗，体力转强”，效果显著，所以大肆倡导，于是“京师翕然，侍以相授”，并且大规模流行起来，终成魏晋名流的一种时尚和象征。

而何晏自己也曾说过：“服五石散，非唯治病，亦觉神明开朗。”从这里我们一样可以发现他服药确实不仅仅为了治病，还兼要追求其他诸如“神明开朗”一类的效果。那么这个“五石散”到底是什么，并且都有些什么功效呢？让我们先来看看它的主要成分——五石的药性再说。

据中国中医研究院中医药信息研究所的《中国中药数据》：

石钟乳：Stakactite

功效：温肺气，壮元阳，下乳汁。主治：治虚劳喘咳，阳痿，腰脚冷痹，乳汁不通等。

白石英：Quartz

功效：温肺肾，安心神，利小便。主治：治肺寒咳喘，阳痿，惊悸善忘，小便不利等。

石硫磺：Sulphur

功效：壮阳，杀虫。主治：内服治阳痿，虚寒泻痢，大便冷秘。

赤石脂：Halloysit

功效：涩肠，收敛止血，收湿敛疮，生肌。主治：治遗精，久泻，便血，脱肛，崩漏，带下，溃疡不敛等。

紫石英：Fluorite

功效：镇心，安神，降逆气，暖子宫。主治：治虚劳惊悸，咳逆上气，妇女血海虚寒，不孕。

此五味药中，有三味功效是壮阳、温肺肾，主治阳痿等症的；一味功效敛疮、生肌，主治遗精、崩漏等；一味功效安神、暖子宫，主治虚寒、不孕。所以，“五石散”具壮阳及治阳痿的目的和功效是确实无疑的。而其中一味赤石脂尚另有治湿症、敛疮、生肌的作用，因而此药在壮阳治阳痿的同时，似乎还可以用来治身上湿疮、溃疡一类的疾病。至于何晏身上是否有什么因为好色而引起的湿疮或溃疡一类的疾病需要治疗，既然史无明书，我们也就不好妄下推断，所以就此打住。

只是由此我想他因“耽声好色”而“始服此药”，然后就“体力转强”，关于这个“体力转强”的内里意思，应该已经不语自明，毋庸赘言了吧。

此药既有壮阳、治阳痿之功，而何晏在调整这个方子的时候，不知道又加了些什么其他配伍进去，导致服用此药后，更会性情亢奋浑身燥热，直欲裸身散热，偏生还必须饮以温酒，并辅以运动出汗来发散其药力。世人皆曰酒能乱性，都已经如此形状，再喝上些温酒下去，之后什么结果自是可以想见的，所以照这么说来，这个“五石散”还有春药的催情之能。

而何晏在其后尚说这药有“神明开朗”的效果，皇甫谧也道可“心加开朗”，想这药力固然有安神之效，但于浑身燥热、性情亢奋，亟须运动出汗之余，说可以“神明开朗”、“心加开朗”云云，似乎大有乖背之处，因此这话只怕尚有他意在内，非唯特指神清气朗而言。

于是我们不妨再看看服用“五石散”的另一特性，那就是前面说的，用药后人的皮肤会变得异常敏感，要穿既薄又软而且宽大的旧衣裳，甚至因为发热而干脆不穿。

但试想若是在两情欢悦之时，要是肌肤的触觉敏感异常，对纤毫举动莫不感受强于平时，只怕想来心里当然会觉得“神明开朗”，自是“心加开朗”。如果这么看的话，何晏对此功效倒的确是不可以不说，亦果然不可以谓之不妙，那当时京师因此“翕然，侍以相授”的轰动情形，并能在旦夕之间就成为时尚，也就不足为奇了。同理可知现在的伟哥为何也能一时轰动而举名天下。

现在我们就能全面、综合地描述“五石散”的功效了，并可以这样来概括它：首先它有壮阳、强体力，治阳痿，也许还有少许治疗湿疮、溃疡的功效，并在服用后可以让人性情亢奋，浑身燥热，身体肌肤的触觉变得高度敏感，要用寒食、喝温酒、脱衣裸袒、运动出汗等方式来发散药力。

至此如果再有人要说这个不是壮阳春药，只怕是有点说不过去的。唐代孙思邈也在他的《备急千金要方》开篇的卷一就说“有贪饵五石，以求房中之乐”，由此也可以知道，魏晋名士们纷纷服食的“五石散”或者叫“寒食散”这个玩意，至少到唐代以前，也的确是被当作房中药，也就是春药和壮阳药来用过的。

实际上由于东汉末年的频繁战乱和动荡的历史大背景，最后导致为之一变的建安风气以及曹魏正始年间玄学的兴起，从此人们便开始名正言顺地用理性的眼光，去审察、去批判过去的一些道德观和世界观，因此“名教”和“自然”的关系成为当时玄学家们的重要论题。与何晏并为玄学宗师之一的王弼，提出了“崇本息末论”，强调人的朴素情感和自然本性，而嵇康则更是明确地提出了“越名教而任自然”的主张。在玄学理论的强盛影响下，一些知识分子首先接受了这种观念，开始强调人的真情实感、自然之性和个性，在一定程度上摆脱了以前名教经学桎梏及名利的束缚，加上门阀制度的盛行，使他们可以因“散发”抗命或者犯忌，也可以居丧饮酒或者傲慢无礼。服散后的种种放荡行为，一方面因为有服药这个借口，一方面也因为思想的转变，已经不再会被视为违犯旧有的道德轨范而受到指责。

基于这样崇尚人性和自然的大前提下，那么追求声色也是自然而然，而且是必然的事情。所谓色者，人之大欲也，又曰食、色，性也。既然要追求自然和人性，那首当其冲的应该也必然会有性爱在内。这个只要看看魏晋时期研究的房中术和房事理论，就可以知道当时关于房中术的普及和研究，都已到了秦汉以来的空前发展时期，光是丹鼎派领袖葛洪一人就著有《序房内秘术》和《葛氏房中秘书》两书，且在专门讲叙炼丹的《抱朴子》中又再论及房中交合之道。同时道家养生学和炼丹术的兴起，也和房中术互相推动发展，并使房中术这一所谓天人合一的阴阳之道盛行于世，不再为术家秘传。葛洪《抱朴子》里“有善其术者……令人老有美色，终其所禀之天年”的说法，更直把此作为养生之法。

魏武帝曹操就是一个房中术的信奉者，他招募天下方士：

> 世有方士，吾王悉招致之，甘陵有甘始，庐江有左慈，阳城有郤俭……左慈休房中之术……甘始左元放东郭延年行容成御妇人法，并为丞相所录问。行其术，亦得其验。①

因此我们可以说魏晋名士们在追求人性和自然，道德和思想解放的同时，也在开怀追求着肉体上的解放，即性

① 《博物志·卷七》。

欢娱。所以名士们大规模地服用“五石散”或者其他类似的药石，固然有追求长寿养生的成分，但是也不能否认还有将其作为春药和壮阳药物来获取性快感的目的在内。或者也可以这样说，由于中国传统房事理论认为性爱会导致体虚体弱，所以他们一面在使用五石散春药和壮阳药，追求着更强烈的性快感的同时，又一面在试图避免体虚，达到养生长寿的目的。

率性追求美色以及两厢情悦鱼水之欢的，而且还大声说了出来的，最著名的大约要首推名士荀粲，他好道精玄学，“常以为子贡称夫子之言性与天道，不可得闻，然则六籍虽存，固圣人之糠秕”。在他看来，既然孔子关于人性天道的谈论没有流传下来，那六籍虽存也是圣人之糠秕，他因此而直言六籍是垃圾，则斯言诚足以骇世。同时他公开宣扬“妇人者，才智不足论，自宜以色为主”或“妇人德不足称，当以色为主”，更是把原先关于妇德的那一套标准丢到了九霄云外。

骠骑将军曹洪的女儿有美色，荀粲登门求娶，回来后在家中“容服帷帐甚丽，专房欢宴”，两人甚是欢爱。他对曹氏的美色沉溺之极也疼爱之极，至于“冬月妇病热，乃出中庭自取冷，还以身熨之”。后来曹氏不幸病故，他思念过度而神伤，傅嘏问其原因道：“妇人才色并茂为难。子之娶也，遗才而好色。此自易遇，今何哀之甚？”他回答说：“佳人难再得！顾逝者不能有倾国之色，然未可谓之易遇。”最后竟然因为痛悼不能已，一年后亦亡故，时年仅二十九岁。①

---

① 《三国志》裴注附《荀粲传》。《世说新语·惑溺》：荀奉倩与妇至笃，冬月妇病热，乃出中庭自取冷，还以身熨之。妇亡，奉倩后少时亦卒。……奉倩曰：“妇人德不足称，当以色为主。”裴令闻之，曰：“此乃是兴到之事，非盛德言，冀后人未昧此语。”

此间记载的事迹和谈论固然能说明荀粲对女人首先要求的是美色，但是仔细分析，实际远不止此。曹氏死后，傅嘏说妇人才色并茂的确很难，但是你娶妇不求才而只好美色，这样的女人以后应该很容易遇到，何以哀伤至此？此话说得极有道理，以荀粲名门世家的门第和才名，找个美女的确当不是难事。并且傅嘏亦名士，他既然说不是很难，想来非虚。而荀粲的回答却颇耐人寻味，当头先来一句："佳人难再得"然后道其原因，说就算死去的曹氏不能算有倾国姿色，但确实不可以说是容易遇到的。

这样问题就来了。傅嘏以为曹氏的姿色并不是很难才可以找到的，而荀粲也承认曹氏没有倾国之色，那么也就是说，如果光以美色的标准而言，两人都认可了似曹氏姿色者是可以"复遇"的。然则如此，荀粲先前一句"佳人难再得"的决绝，以及后来说的"未可谓之易遇"，似乎就不好理解并且是互相矛盾了。

人所共知荀粲夫妇二人感情极好，似乎不用多说，而古人用词一向又是很讲究的。荀粲既云"佳人"，当非指两人情感，显是别有所指，照前事推断，应该直指与曹氏的闺房之欢和房中之术才对，如此便很容易解释为何荀、傅二人都认为如曹氏姿色者"易遇"，而荀粲又独言"佳人难再得"和"未可谓之易遇"了。

身为美男子的潘岳行洛阳，少女少妇莫不连手共萦之以示爱慕；到贾充女儿看见韩寿美貌便发于吟咏，婢女告韩寿，韩寿闻而约期，期至竟自逾墙便宿于贾充女儿房中；至于身为晋武帝姨妹的蒯氏，因妒忌而骂了丈夫孙秀，孙秀遂"不复入房"，蒯氏无奈求救于武帝，最后在武帝斡旋下孙秀才入房与她“为夫妇如初”[①]。从这些我们都可以发现，魏晋时期非独男士在追求本能上的性欢娱，女士们也一样大胆地在用她们自己的方式，追求和表达着对人性自然的欢欲之爱。如此则若曹氏们通房中术，亦不足为怪。

另外一点比较有趣的是，当时那些作为统治者的重臣甚至是皇帝，对曹氏和蒯氏们表现出来对情欲追求的态度，是相当宽容甚至是支持的，这个似乎在历史上还是比较罕见的。

前面说到的贾充，晋时权重一时，他女儿和韩寿共宿后，欢爱之情溢于言表，贾充先发现她“盛自拂拭，说畅有异于常”，后来又从韩寿身上香气，发现他女儿与韩寿私通，在落实这个事情以后，贾充干脆不露声色地装做不知道，把女儿嫁给了只是他手下小吏的韩寿。

而晋武帝姨妹蒯氏原本就是因为妒忌小妾得宠，才骂了孙秀，而孙秀也做得比较绝，从此就不入她的房。那蒯氏在过了一段独守空房的寂寞时光后，颇为自责后悔，比孙秀绝的是她

---

① 《世说新语·容止》：潘岳妙有姿容，好神情。少时挟弹出洛阳道，妇人遇者，莫不连手共萦之。左太冲绝丑，亦复效岳游遨，于是群妪齐共乱唾之，委顿而返。

《世说新语·惑溺》：韩寿美姿容，贾充辟以为掾。充每聚会，贾女于青璅中看，见寿，说之，恒怀存想，发于吟咏。后婢往寿家，具述如此，并言女光丽。寿闻之心动，遂请婢潜修音问。及期往宿。寿蹻捷绝人，逾墙而入，家中莫知。自是充觉女盛自拂拭，说畅有异于常。后会诸吏，闻寿有奇香之气，是外国所贡，一着人则历月不歇。充计武帝唯赐己及陈骞，余家无此香，疑寿与女通，而垣墙重密，门閤急峻，何由得尔？乃托言有盗，令人修墙。使反，曰：“其余无异，唯东北角如有人迹，而墙高非人所逾。”充乃取女左右婢考问。即以状对。充秘之，以女妻寿。

孙秀降晋，晋武帝厚存宠之，妻以姨妹蒯氏，室家甚笃。妻尝妒，乃骂秀为“貉子”，秀大不平，遂不复入。蒯氏大自悔责，请救于帝。时大赦，群臣咸见。既出，帝独留秀，从容谓曰：“天下旷荡，蒯夫人可得从其例不？”秀免冠而谢，遂为夫妇如初。

竟然因为这个，就去找了当今的天子来帮忙，而晋武帝比他们更绝，居然还真的答应了，于是便“独留秀，从容谓曰：‘天下旷荡，蒯夫人可得从其例不？’”联想后来孙秀和蒯氏的“为夫妇如初”，则晋武帝此问非但问得极为机智和风趣幽默，他对孙秀说话的那个“从容谓曰”的态度，更当叫人为之绝倒，实在让人觉得可爱之极，比之现在颇有些多的假道学，真正是可爱了不知多少。

这篇文章是看了鲁迅先生的《魏晋风度及文章与药及酒之关系》后，独自想想觉得有趣，于是一时兴起，就着他说剩无用的“糠秕”再东拉西扯了几下子，聊以自娱，甚至于文章名字也是拿鲁迅先生的来改几个字就用上了，所以大约是会有点贻笑大方的。